KB153191

하루 1분
역사게임

이 도서의 국립중앙도서관 출판예정도서목록(CIP)은 서지정보유통지원시스템 홈페이지(http://seoji.nl.go.kr)와 국가자료공동목록시스템(http://www.nl.go.kr/kolisnet)에서 이용하실 수 있습니다.(CIP제어번호 : CIP2019042102)

하루 1분 역사게임_한국사편

초판 1쇄 발행 2019년 11월 11일

엮은이 YM기획 / **감수** 유정호
펴낸이 추미경

책임편집 이신애 / **마케팅** 신용천

펴낸곳 베프북스 / **주소** 경기도 고양시 덕양구 화중로 130번길 48, 6층 603-2호
전화 031-968-9556 / **팩스** 031-968-9557
출판등록 제2014-000296호

ISBN 979-11-86834-96-1 (14320)
979-11-86834-95-4 (세트)

전자우편 befbooks15@naver.com / **블로그** http://blog.naver.com/befbooks75
페이스북 https://www.facebook.com/bestfriendbooks75

두뇌활력과 역사 상식을 키우는 — 한국사편

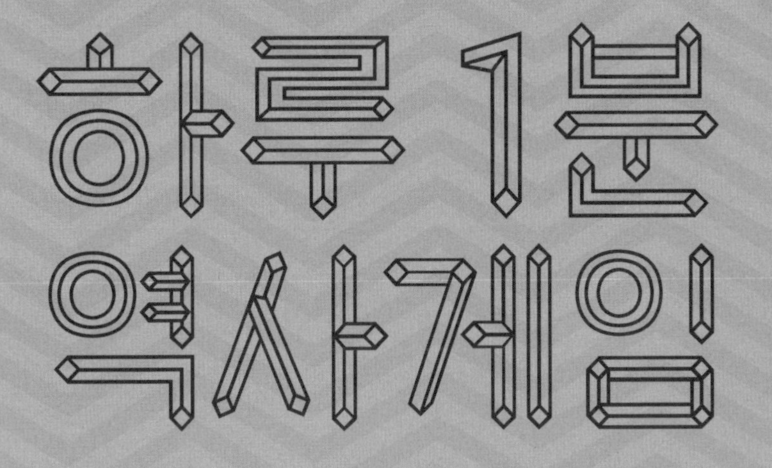

YM기획 엮음 | **유정호** 감수

베프북스
Best Friend Books

감수사

1분 동안 우리의 역사를 만나다

"역사를 잊은 민족에게 미래는 없다."는 말을 누구나 한 번쯤은 들어봤을 것이다. 이처럼 역사는 우리의 정체성을 잃어버리지 않고 지켜나가는데 매우 중요한 학문이다. 많은 분이 역사의 중요성을 강조하며 익힐 것을 주장하지만, 학창시절 암기식 교육으로 역사라면 고개를 절레절레 흔드는 분들이 많다.

우리의 역사를 어떻게 하면 재미있게 접하고 익힐 수 있을까? 역사를 가르치는 교사로서 이 문제를 두고 매일 깊은 고심에 빠진다. 수능 등 각종 시험에 나오는 중요 사건과 인물이 너무 많아서, 일일이 다 거론하다보면 역사는 결국 암기과목으로 전락하게 된다.

지금도 역사를 가르치는 일에 많은 부족함을 느끼는 교사지만, 십수 년 동안 교단에서 학생들을 가르치며 나름대로 터득한 노하우가 있다. 수업 중간에 역사퀴즈를 내는 것이다. 학생들이 정답을 맞히면 바로 외적보상을 해주는 것이다. 처음에는 외적보상에만 관심을 보이던 학생들도 오랫동안 잦은 성취감을 맛보게 되면 스스로 공부하게 된다. 이 교수 방법이 성공하기 위해서는 누구나 쉽게 대답할 수 있는 쉬운 문제부터 시작해야 한다. 학생들이 역사퀴즈를 맞출 수 있다는 자신감이 생겼을 때, 정답이 헷갈리는 문제와 난이도 높은 문제를 중간중간에 섞어 질문한다. 그러면 학생들은 시키지 않아도 정답을 맞히기 위해 수업을 열심히 듣는다.

『하루 1분 역사게임』은 이 원칙에 맞추어 충실하게 구성되어있다. 쉬운 문제의 경우 '이 정도는 누구나 다 아는 거 아냐?'라고 생각되면서도 은근 '과연 다 알까?'하는 뿌듯함을 갖게 한다. 반면 정답이 아리송한 문제를 접하게 되면, 어떻게든 나 혼자만의 힘만으로 정답을 맞히고 싶어진다. 어려운 문제의 정답을 맞혔을 때에는 온몸에 쾌감이 짜릿하게 감돈다.

『하루 1분 역사게임』 책에는 역사를 가르치는 교사인 나도 처음 접하는 생소한 질문도 있다. 이런 역사적 사실을 찾아낸 모습에 감탄하면서, 공부를 더 해야겠다는 동기부여를 받는다. 그래서 하루1분 역사게임을 손에 잡는 순간, 1분만 본다는 것은 불가능해진다. 정답을 맞히는 재미에 빠져 읽다 보면 몇십 분이 훌쩍 지나가 버린다. 그렇다고 해서 『하루1분 역사게임』이 금방 읽힐 수 있는 책도 아니다. 내가 모르는 부분을 인터넷 검색이나 책을 통해 찾아 공부하다 보면 한 개의 질문을 풀기 위해 오랜 시간을 투자해야 하는 경우도 나온다.

더욱 놀라운 점은 고조선에서부터 우리가 현재 살아가고 있는 오늘의 사건까지 『하루1분 역사게임』이 다루고 있다는 점이다. 또한 시간의 흐름에 맞추어 문제가 구성된 것 같으면서도, 갑자기 다른 시간대의 역사를 묻는 질문이 나온다. 어느 시대를 묻는 질문이 나오는지 궁금해서 마지막 페이지까지 손을 놓을 수 없게 만든다. 그래서 이 책의 마지막 문제를 푸는 순간, 본인이 역사에 대한 흥미와 지식이 크게 신장 되어 있음을 알게 될 것이다.

역사교사 & 칼럼리스트

유정호

Contents

하루 1분 역사게임_한국사편

이렇게 활용하세요!

과다한 업무, 학업 스트레스,
무의미한 일상의 반복…
멈춰버린 뇌에 다시 시동을 걸어볼까요?
매일 특정한 시간을 정해
뇌에 자극을 주는 게임으로 잠들어 있는 뇌를 깨워주세요.
단순한 게임이 아닌
역사 상식까지 얻을 수 있어 더욱 유익합니다.

1. 《하루 1분 역사게임》은…

재미있게 풀어보는 것만으로도 역사 상식과 지식을 얻을 수 있는 다양한 역사 문제들을 모아 실었습니다. 순서대로 하루하루 풀어보는 것을 권해드립니다.

2. 규칙적인 두뇌트레이닝

1Week부터 52Week까지 1년 동안 주말을 제외한 5일 동안 매일 한 문제씩 풀어볼 수 있도록 구성되어 있습니다. 하루에 여러 문제를 풀거나 몰아서 문제를 푸는 것보다, 매일 매일 꾸준히 한 문제씩 풀어나가 보세요

3. 바로바로 찾아보는 정답

정답지와 문제를 왔다갔다하는 번거로움은 이제 그만! 문제 다음 페이지에 정답을 확인할 수 있도록 구성하였습니다. 바로바로 정답을 확인하세요.

From
1Week

to
17Week

Day 001 괄호 안의 내용 중 알맞은 말을 고르세요.

(삼국사기, 삼국유사)는 1145년에 왕의 명령으로 김부식 등이 편찬한 역사책으로서, 현재 우리나라에 남아있는 가장 오래된 역사책이다.

Day 002 아래 <보기> 중 '독립신문'과 상관 없는 것은?

<보기>

한글신문　　서재필　　시일야방성대곡

Day 003 다음 괄호 안에 들어갈 알맞은 말은 무엇일까요?

고려 태조 때 거란에서 보내온 (   ) 50필을
만부교 아래에 매어놓아 굶어 죽게 했다.

1) 낙타

2) 말

3) 나귀

Day 004 다음 중 고려시대 군사조직인 '별무반'에 대한 설명으로 맞는 것을 고르세요.

1) 별무반은 거란을 정벌하기 위해 설치된 임시군사조직이다.

2) 별무반은 귀족에서부터 양인, 노비에 이르기까지 광범위한 계층이 동원된 군사 조직이었다.

Day 005 〈보기〉와 관련이 있는 전쟁은?

〈보기〉

당나라	양만춘	토산	고구려

1) 살수대첩

2) 안시성싸움

Day 001 삼국사기

삼국유사는 일연이 개인적으로 쓴 것으로, 삼국사기에 없는 불교 관련 내용이나 단군 신화가 포함되어 있습니다. 이는 당시 사회와 문화를 이해하는 중요한 자료가 되고 있습니다.

Day 002 시일야방성대곡

을사조약의 부당성을 알리는 논설인 '시일야방성대곡'은 1905년 황성신문에 실렸습니다.

Day 003 1) 낙타

거란은 고려에 교류를 청하면서 사신과 낙타 50필을 보내왔습니다. 그러나 고려에서는 거란이 발해를 멸망시킨 무도한 나라라고 하여 그 사신들을 섬으로 유배하고 낙타는 모두 만부교 아래에서 굶겨 죽였습니다.

Day 004 2)

별무반은 윤관이 여진 정벌을 위해 만든 군대로서, 직업 군인이 아닌 전국적인 규모의 농민 중심의 군사조직이 생겨 고려의 군사제도에 새로운 변화를 주었다는 점에 의의가 큽니다.

Day 005 2) 안시성싸움

당나라의 침공에 안시성의 성주 양만춘과 백성들이 힘을 모아 싸워 승리한 사건이 바로 안시성싸움입니다. 당시 당태종은 성벽보다 높은 토산을 쌓는 전략을 도모했지만 토산이 무너지는 바람에 그 계획은 물거품이 되어 성공하지 못했지요. 살수대첩은 중국 수나라의 군대를 고구려가 지금의 청천강인 살수에서 크게 격파한 싸움입니다.

Day 001 이 책은 무엇일까요?

조선 전기의 책으로, 모범이 될 만한 충신 · 효자 · 열녀의 이야기를 글뿐 아니라 그림으로 알기 쉽게 설명해 놓은 책

1) 목민심서

2) 삼강행실도

Day 002 우리나라 최초의 빈민구제 제도를 만든 왕은 누구일까요?

1) 고구려 고국천왕

2) 신라 남해왕

3) 조선 세종대왕

Day 003 '과거제'에 대한 설명이 맞으면 O, 틀리면 X를 써넣으세요.

1) 일정한 시험을 거쳐 선발하는 방식의 관리 임명제도다. (　　)

2) 신분제를 통해 관직에 진출하던 호족 세력을 약화시키기 위한 방안이었다. (　　)

3) 고려시대 때 일반적인 관직 진출 수단이었다. (　　)

Day 004 아래 〈보기〉 중 '벽란도'와 관련이 없는 단어를 골라 보세요.

〈보기〉

고려시대 국제 무역항 송나라 조선시대 코리아

Day 005 삼국시대(고구려, 백제, 신라)의 전성기가 바르게 연결되지 않은 것은?

1) 고구려 – 소수림왕

2) 백제 – 근초고왕

3) 신라 – 진흥왕

Day 001 2) 삼강행실도

'삼강행실도'는 백성을 위한 윤리 · 도덕 교과서로, 평민이나 아이들도 이해하기 쉽도록 그림도 넣었습니다. 이 책의 제목에 그림을 뜻하는 '도'가 들어가는 이유가 바로 거기에 있지요.

Day 002 1) 고구려 고국천왕

신라 남해왕(A.D. 18) 때 우리나라 역사상 최초로 빈민구제 사업이 실시된 기록은 있지만, 제도화된 것은 고구려 고국천왕 16년(A.D. 194)에 재상 을파소에 의해 실시된 진대법입니다.

Day 003 1) O 2) O 3) X

과거제는 고려시대에 본격적으로 시행됐지만, 고려에서는 과거제 대신 신분을 기준으로 관직에 진출하는 음서제가 더 융성했습니다. 조선 시대에 와서야 과거제가 일반적인 관직 진출 수단이 되었지요.

Day 004 조선시대

'벽란도'는 세계 문물이 교류되었던 고려의 국제 무역항으로서, 가장 빈번하게 교역이 이루어진 곳은 송나라였습니다. 벽란도를 거쳐 간 이들을 통해 고려가 '코리아'라는 이름으로 서양에 알려졌습니다. 조선 시대에는 점차 그 역할이 작아졌습니다.

Day 005 1) 고구려 – 소수림왕

고구려 전성기는 광개토대왕부터 장수왕까지로 소수림왕은 불교를 도입하고, 태학을 설립하였으며 율령을 반포하는 등 국가 체제를 정비하여 5세기 고구려 전성기의 기틀을 마련했습니다.

3 Week

Day 001 '국자감'에 대한 설명이 맞으면 O, 틀리면 X를 써 넣으세요.

1) 고려시대의 국립 교육기관으로서 조선시대에도 동일한 명칭으로 불렸다. (　　)

2) 국가에서 필요한 인재를 양성하기 위한 최고의 교육기관이었다. (　　)

3) 입학 자격은 신분에 따라 제한을 받았다. (　　)

Day 002 인물과 관련 단어가 잘못 연결된 것은?

1) 서희 – 9성

2) 강감찬 – 귀주대첩

3) 태조 – 훈요십조

Day 003 다음 <보기>에서 설명하고 있는 것은 무엇일까요?

<보기>

공주 명학소에서 천민 계층의 주도로 이루어진 최초의 조직적인 신분 해방 운동이었으며, 이후 천민이나 농민들이 사회적 지위 개선을 목표로 일으킨 봉기에 커다란 영향을 주었다.

1) 망이, 망소이의 난

2) 만적의 난

Day 004 아래의 개념 중 성격이 다른 것은?

1) 김보당의 난

2) 무신정변

3) 조위총의 난

Day 005 괄호안의 내용 중 알맞은 말을 골라보세요.

(팔만대장경, 직지심체요절)은 세계에서 가장 오래된 금속 활자로 인쇄된 책이다. 청주 흥덕사에서 간행되었고, 현재 하권만 남아있으며 프랑스 국립 도서관에 보관되어 있다.

Day 001 1) X 2) O 3) O

고려시대에는 국자감, 조선 시대에는 성균관으로 명칭만 바뀌어 계승되었습니다.

Day 002 **1) 서희 - 9성**

'서희'는 고려의 문신으로 거란족이 침략했을 때 거란의 소손녕과 담판을 짓고 무력이 아닌 외교를 통해 강동 6주를 얻어낸 것으로 유명합니다. 20만에 달하는 대군을 이끌고 여진을 정벌하고 9성 설치와 함께 고려 영토를 확장한 이는 고려시대 문관인 '윤관'입니다.

Day 003 **1) 망이,망소이의 난**

'망이,망소이의 난'은 고려 시대에 신분제의 타파를 목적으로 충청도 지역에서 일어난 농민과 소민들의 봉기이고, '만적의 난'은 고려 시대에 만적과 노비들이 일으킨 신분 해방 운동입니다.

Day 004 **2) 무신정변**

'무신정변'은 고려 의종 때 무신들이 정변을 일으켜 권력을 차지한 사건입니다. 반면 '김보당의 난'은 김보당이 무신 정권에 반감을 품고 일으킨 난이며, '조위총의 난'도 조위총이 무신 정권에 반발해 일으킨 난으로서 무신정권에 대항해 일으킨 반란입니다.

Day 005 **직지심체요절**

현존하지 않으나 고종 때 이규보가 엮은 '동국이상국집'에 보면, 이 책을 1234년에 금속활자로 찍어냈다는 기록이 남아 있어 세계 최초의 금속 활자본으로 추정됩니다.

Day 001 인물에 대한 내용이 바르지 않는 것은?

1) 을지문덕 – 천리장성

2) 연개소문 – 여당전쟁

Day 002 다음 중 백제의 유물이 아닌 것은?

1) 백제금동대향로

2) 칠지도

3) 천마총 유리잔

Day 003 삼국 시대 '신라'에 대한 설명이 아닌 것을 고르세요.

1) 대표적인 유물로는 첨성대, 석가탑, 다보탑이 있다.

2) 국가의 정책을 심의하고 의결하던 귀족회의인 '제가회의'라는 것이 있었다.

3) '골품제'라는 전통적인 신분제도가 있었다.

Day 004 〈보기〉를 읽고, 괄호 안에 들어갈 알맞은 말을 고르시오.

〈보기〉

> 신문고는 1401년 백성들의 억울한 일을 직접 해결하여 줄 목적으로 대궐 밖 문루 위에 달았던 (   )이다.

1) 장고

2) 종

3) 북

Day 005 조선시대 '호패법'에 대한 설명이 맞으면 O표, 틀리면 X표 하시오.

1) 만 18세 이상의 남녀에게 발급되었다. (   )

2) 호패는 신분에 따라 재질이나 모양은 달랐지만 모든 호패에는 인적 사항을 적어야 했다. (   )

3) 실제로는 등록을 피하려는 사람들이 많아 시행에 어려움을 겪었다. (   )

정답

Day 001 **1) 을지문덕 - 천리장성**

을지문덕은 고구려 영양왕 때의 장군으로 살수대첩과 여수장우중문시로 유명합니다. 천리장성을 축조하고 여당전쟁에서 승리를 거둔 사람은 연개소문입니다.

Day 002 **3) 천마총 유리잔**

천마총 유리잔은 신라시대 무덤인 천마총에서 출토된 유리잔입니다.

Day 003 **2)**

'제가회의'는 고구려의 귀족회의로서 부족장들이 모여 국가의 정책을 심의 · 의결하던 최고회의를 말하는데요. 신라의 귀족회의로는 '화백 회의'가 있는데, 귀족 가운데 신분이 가장 높은 상대들이 회의를 이끌었으며 만장일치로 나랏일을 결정했습니다.

Day 004 **3) 북**

조선 초기에 상소 · 고발하는 제도는 법제화되어 있었으나, 최후의 항고 · 직접고발 시설의 하나로 신문고를 설치하여, 임금의 직속인 의금부당직청에서 이를 주관, 북을 울리는 소리를 임금이 직접 듣고 북을 친 자의 억울한 사연을 접수 처리하도록 했습니다.

Day 005 **1) X　2) O　3) O**

오늘날과 달리 조선 시대의 호패는 16세 이상의 양인 남자들만 지니게 했습니다. 이는 16세 이상의 양인 남자에게 군역의 의무가 있었던 것과 관계가 있는데요. 호패를 받으면 곧바로 군역 대상자가 되었으며, 당시 가난한 백성들은 군역을 피하기 위해 일부러 노비로 등록하는 일까지 있었습니다.

Day 001 괄호 안의 내용 중 알맞은 말을 골라 O표 하시오.

(측우기, 자격루)는 세종 때 왕명으로 장영실 등이 제작한 물시계다. 시(時) · 경(更) · 점(點)에 맞추어 종과 북 · 징을 쳐서 시각을 알렸다. 세종 때 만들어진 것은 현재 남아있지 않다.

Day 002 괄호 안의 내용 중 알맞은 말을 골라 O표 하시오.

세조 때 만들기 시작해 성종 때 이르러 완성된 (동국여지승람, 동국통감, 경국대전)은 조선 건국 초기의 법전들을 모두 모아 만든 법전으로, 조선을 유교적 법치 국가로 만든 기본 법전이다.

Day 003 '행주대첩'에 대한 설명이 맞으면 O표, 틀리면 X표 하시오.

1) 임진왜란 때 권율이 행주산성에서 왜군을 대파한 싸움이다. (　　)

2) 진주대첩, 한산도대첩과 함께 임진왜란 3대 대첩으로 불린다. (　　)

3) 당시 부녀자들이 긴 치마를 잘라 짧게 만들어 입고 돌을 날라서 석전을 벌였다. (　　)

Day 004 〈보기〉를 읽고, 괄호 안에 들어갈 알맞은 말을 고르시오.

〈보기〉

노량해전은 노량 앞바다에서 이순신이 이끄는 조선 수군이
일본 수군과 벌인 마지막 해전이다.
이 해전을 마지막으로 (   ) 계속되었던 조선과 일본의 전쟁은
끝났고, 이순신도 이때 적의 유탄에 맞아 전사했다.

1) 5년간

2) 7년간

Day 005 '임꺽정의 난'에 대한 설명이 맞으면 O표, 틀리면 X표 하시오.

1) 16세기 중반 일어난 대표적인 농민무장대의 활동이다. (　　　)

2) 이들은 황해도 지역에서만 활약했다. (　　　)

3) 이들은 민중의 호응을 얻지 못했다. (　　　)

Day 001 자격루

측우기는 강우량을 측정하기 위하여 쓰인 기구로 조선 세종 때 측우기가 세계에서 가장 먼저 개발되었습니다. 세종실록에 의하면 문종에 의해 발명되었다고 하며, 발명의 날(5월 19일)은 세계 최초 측우기의 발명을 기념하기 위해 정해진 날입니다.

Day 002 경국대전

'동국여지승람'은 각 도의 지리, 풍속, 인물 등을 자세하게 기록한 우리나라의 지리서입니다. 이 책에는 독도가 우리 땅이라는 사실도 기록되어 있어 중요한 역사적 근거로 사용됩니다. '동국통감'은 성종 때 왕명을 받고 고대부터 고려 말까지의 역사를 편찬한 사서입니다. 훈신과 사림, 그리고 성종의 공동 합작으로 조선 조기 역사 서술을 완성했다는 데에 의의가 있습니다.

Day 003 1) O 2) O 3) X

3)의 이유로 '행주치마'라는 명칭이 생겼다는 이야기가 전해지지만 역사적 근거는 없습니다.

Day 004 2) 7년간

임진왜란은 1592~1598년 왜군의 침략으로 일어난 전쟁이며, 노량해전을 마지막으로 7년간의 전쟁은 끝났습니다.

Day 005 1) O 2) X 3) X

이들은 황해도뿐 아니라 경기도 · 강원도 일대에 걸쳐서 활약했습니다.

Day 001 괄호 안의 내용 중 알맞은 말을 골라 O표 하시오.

(명량대첩, 한산도대첩)은 이순신 장군이 이끄는 조선의 수군이 (명량 해협, 한산도 앞바다)에서 일본의 수군을 크게 격파한 전투로서 이순신 장군이 13척으로 일본군함 133척을 전멸시켰다.

Day 002 〈보기〉에 해당하는 전쟁은 무엇일까요?

〈보기〉

청의 침입으로 일어난 전쟁이다. 청나라의 태종이 조선에 군신관계를 요구하며 군사를 이끌고 조선을 침공했다. 인조는 삼전도에서 청 태종에게 항복했고, 소현세자와 봉림대군이 인질로 끌려갔다.

1) 정묘호란

2) 병자호란

Day 002 '집현전'에 대한 설명이 맞으면 O표, 틀리면 X표 하시오.

1) 학자양성과 학문연구를 위한 기관이었다. (   )

2) 가장 중요한 직무는 편찬사업이었다. (   )

3) 세조 때 폐지됐다가 성종 때 홍문관으로 부활했다. (   )

Day 004 유네스코가 세계 각국에서 문맹퇴치사업에 가장 공이 많은 개인이나 단체를 뽑아 매년 시상하는 문맹퇴치 공로상의 이름은 무엇일까요?

1) 훈민정음상
2) 세종대왕상

Day 005 '훈민정음'에 대한 설명이 맞으면 O표, 틀리면 X표 하시오.

1) '백성을 가르치는 바른 소리'라는 뜻이다. ( )
2) 훈민정음으로 엮은 최초의 책은 '용비어천가'이다. ( )
3) 연산군은 한글의 사용을 권장했다. ( )

Day 001 명량대첩, 명량 해협

이순신 장군은 많은 수의 적군을 막기에 유리한 명량에서 전투를 치렀습니다. 실제로 일본의 수군은 거친 물살과 조선 수군의 총공격에 곤란을 겪다 결국 물러나고 말았습니다. '한산도 대첩'은 이순신의 조선 수군이 한산도에서 일본 수군을 크게 물리친 싸움이며, 한산도 대첩에서는 '학익진'전술이 쓰였습니다. 학익진이란 함선을 학의 날개 모양으로 펼친 뒤 적을 공격하는 전술로, 좁은 물길을 빠져나온 적선들을 한꺼번에 공격하는 최적의 전술이었지요.

Day 002 2) 병자호란

'정묘호란(1627년)'은 후금이 형제관계를 요구하며 일으킨 전쟁입니다. 후금은 청으로 국호를 바꾼 후 '병자호란(1636년)'을 일으킵니다.

Day 003 1) O 2) X 3) O

집현전의 가장 중요한 직무는 경연과 서연을 담당하는 것이었습니다. 경연은 왕과 신하가 경서와 사서를 강론하는 자리로 국왕이 유교적 교양을 쌓도록 하여 올바른 정치를 할 수 있도록 하는 것이고 서연은 왕이 될 세자를 교육하는 것입니다. 이외에도 집현전은 외교문서 작성, 과거의 시험관, 사관, 편찬사업을 맡아 했습니다.

Day 004 2) 세종대왕상

세종대왕상은 유엔 산하의 유네스코(UNESCO)에서 제정한 상으로, 정식 이름은 '세종대왕 문맹퇴치상(King Sejong Literacy Prize)'입니다. 1989년 6월 한글 창제에 담긴 숭고한 세종대왕의 정신을 기리고, 전 세계에서 문맹을 퇴치하기 위하여 헌신하는 개인, 단체, 기관들의 노력을 격려하고 그 정신을 드높이기 위해 제정되었는데요. 한글이 배우기 쉬운 문자로 문맹자를 없애는 글임을 인정하는 뜻에서 이 상에 세종이라는 이름이 붙었습니다.

Day 005 1) O 2) O 3)X

문자를 익힌 백성들에게는 자신의 내면을 표현하는 문화적 수단, 자신의 정치적 견해를 피력할 수 있는 저항의 수단이 생겼습니다. 관리들이 잘못을 저질렀을 때, 심지어 왕이 잘못을 저질렀을 때에도 벽보를 만들어 곳곳에 붙였습니다. 이에 놀란 연산군은 한글의 사용을 금지하기도 했습니다.

Day 001 〈보기〉를 읽고, 괄호 안에 들어갈 알맞은 말을 고르시오.

〈보기〉

> '열하일기'는 조선후기 실학자 박지원이 (　　　)에
> 다녀온 후에 작성한 견문록이다.

1) 티베트
2) 인도
3) 청나라

Day 002 ‘동의보감’에 대한 설명이 맞으면 O표, 틀리면 X표 하시오.

1) 허준이 지은 의학서로서 백성을 돕기 위해 자발적으로 집필하였다. (   )
2) 병났을 때의 치료보다 병을 예방하거나 건강을 추구하는 강도하였다. (   )
3) 국내 및 국제적인 기여를 인정받아 유네스코 세계기록문화유산으로 등재되었다. (   )

Day 003 괄호 속에 해당하는 인물이 바르게 연결된 것을 고르시오.

(　　　　)이 이끈 신라군과 소정방이 이끈 당군은 먼저 백제를 공격했다. 신라군은 황산벌에서 (　　　　)의 결사적인 저항을 물리치고 당군과 함께 사비성을 함락했다.

1) 김유신–계백

2) 계백–김유신

Day 004 삼촌인 김유신과 힘을 합하여 태자 시절에는 백제를, 왕이 되어서는 고구려를 멸망 시키고 삼국통일의 위업을 달성했으며, 바다 가운데 있는 암초가 무덤인 왕의 이름은?

1) 무열왕
2) 문무왕

Day 005 경상북도 경주시에 있었던 신라의 목탑으로서, 선덕여왕 때 자장 대사의 건의로 세워졌다고 하며, 몽골의 침입 때 불타 사라지고 지금은 터만 남아 있는 이 탑의 이름은 무엇일까요?

1) 정림사지 5층 석탑
2) 황룡사 9층 목탑

Day 001 3) 청나라

'열하일기'는 당시 박지원이 세계적인 대제국으로 발전한 청나라의 실상을 직접 목격하고 이를 생생하게 기록한 여행기입니다.

Day 002 1) X 2) O 3) O

선조는 오랜 전란으로 신음하는 백성들을 안타깝게 여겨 일반인들도 쉽게 치료법을 이해할 수 있는 의학 서적을 편찬하여 전국에 보급하려 했습니다. 이러한 임금의 뜻을 받들어 어의로 있던 허준은 왕실이 가지고 있는 여러 의학서들을 꼼꼼하게 살펴서 '동의보감'을 완성했습니다.

Day 003 1) 김유신-계백

'김유신'은 신라의 장군으로 백제를 멸망시킨 주역이며, 신라 삼국통일에 많은 공을 세웠습니다. '계백'은 백제 말기의 장군으로 황산벌에서 나당연합군과 맞섰으나 전사했습니다.

Day 004 2) 문무왕

"나는 죽어서 용이 되어 신라의 바다, 동해를 지키겠노라." 문무왕의 유언입니다. 이 유언을 받들어 시신을 불교식으로 화장하여, 그 뼛가루를 항아리에 담아 바닷속 바위 안에 모셨는데요. 이 바위가 바로 대왕암입니다. 태종 무열왕은 문무왕의 아버지로서 백제를 멸망시켰습니다.

Day 005 2) 황룡사 9층 목탑

'정림사지 5층 석탑'은 백제시대에 세워진 탑으로, 백제석탑이 목탑의 번안(飜案)이라는 근거를 보여주고 있습니다. 우리나라 석탑양식의 계보를 정립하는 데 귀중한 자료이며, 1962년 국보 제9호로 지정되었습니다.

8
Week

Day 001 괄호 안의 내용 중 알맞은 말을 골라 O표 하시오.

신라는 신분제 사회였으며 왕족에는 성골과 진골 두 계층이 있었다. 임금은 (성골, 진골)에서 배출되는 것이 원칙이었다. 그런데 진평왕을 마지막으로 남자 중에서는 (성골, 진골)이 없었기에 부득불 진평왕의 딸인 덕만 공주가 왕위를 이어 선덕여왕이 되었다.

Day 002 〈보기〉를 읽고, 괄호 안에 들어갈 알맞은 말을 고르시오.

〈보기〉

삼국시대에는 지금의 울릉도와 독도를 다스렸던 '우산국'이라는 작은 나라가 있었다. 신라의 장군 이사부는 우산국을 공격하기 위해 나무로 만든 (　　)를 배에 가득 싣고 우산국으로 가서 "항복하지 않으면 (　　)를 모두 풀어놓겠다."하고 협박하자 겁에 질린 우산국 사람들이 신라에 항복을 했다.

1) 호랑이
2) 사자

Day 003 조선 후기의 민간 외교가로서 조선 숙종 때에 울릉도와 독도가 조선 땅인 것을 일본 막부가 인정하도록 활약한 사람은 누구일까요?

1) 안용복
2) 이종무

Day 004 괄호 안의 내용 중 알맞은 말을 골라 O표 하시오.

경북 경주시 인교동에 있는 신라 때의 연못이다. 문무왕 때 인공적으로 만든 연못인데 신라의 지도를 본뜬 형태라 한다. 이 (안압지, 서출지)는 신라 왕족들이 놀이터로 이용하던 연못으로서 당시의 화려한 생활을 엿볼 수 있게 하는 유적이다.

Day 005 다음 중 소설가 '주요섭'의 저서가 아닌 것은?

1) 추운 밤
2) 사랑손님과 어머니
3) 봉천역 식당
4) 꺼삐딴 리

정답

Day 001 성골

왕족인 성골과 진골의 구분은 일반적으로 부모가 모두 왕족이면 성골, 부모 중 한쪽만 왕족이면 진골이라 했습니다. 임금은 성골에서 배출되는 것이 원칙이었습니다.

Day 002 2) 사자

그때까지만 해도 사자는 잘 알려지지 않은 신비롭고도 두려운 동물이었습니다. 우산국 백성들은 너무 두려운 나머지 즉시 이사부에게 항복했고, 우산국이 신라의 영토가 되었습니다.

Day 003 1) 안용복

'이종무'는 고려 말 조선 초의 무신으로서 왜구를 격파했고 제2차 왕자의 난에 공을 세웠으며 쓰시마 섬을 정벌했습니다.

Day 004 안압지

경북 경주시 남산동에 있는 '서출지'는 신라 때부터 내려오는 저수지로서 제21대 소지왕의 전설과 관계가 있습니다.

Day 005 4) 꺼삐딴 리

'꺼삐딴 리'는 변혁기의 기회주의자의 모습을 풍자한 전관용의 단편소설입니다.

9 Week

Day 001 난폭한 연산군을 몰아 내고 진성 대군을 왕으로 추대한 사건은 무엇일까요?

1) 무오사화

2) 중종반정

Day 002 빈 칸에 들어갈 왕의 이름이 순서대로 연결된 것은?

'사육신'은 (　　　)에 의해 쫓겨난 (　　　)을 다시 왕으로 세우기 위해 모의를 했다가 먼저 탄로나 죽음을 당한 여섯 명을 말한다.

1) 세조 – 단종

2) 단종 – 세조

Day 003 〈보기〉의 5편이 수록되어 있는 소설집은?

〈보기〉

'만복사저포기' '이생규장전' '취유부벽정기'
'용궁부연록' '남염부주지'

1) 전등신화

2) 금오신화

Day 004 괄호 안에 들어갈 알맞은 말을 고르시오.

( )은 조선전기 현직 관리에게만 수조지를 분급한 토지제도이다.

1) 과전법

2) 직전법

Day 005 빈 칸에 들어갈 말이 순서대로 연결된 것은?

노비안검법은 고려 초기 광종 때 ( )이었다가 ( )가 된 사람을 조사하여 다시 ( )이 될 수 있도록 조처한 법이다.

1) 양인 – 노비 – 양인

2) 상인 – 노비 – 상인

정답

Day 001 2) 중종반정

'무오사화'란 사림파 신하 김종직이 쓴 「조의제문」을 핑계 삼아 연산군이 자신에게 반대하던 사림 세력을 죽인 것을 말합니다. 연산군은 「조의제문」을 보고 사림파들이 '세조의 뒤를 이은 성종과 연산군의 즉위가 올바른 일이 아니라 생각한다'고 판단했습니다.

Day 002 1) 세조 – 단종

계유정난 후 권력을 잡았던 수양 대군은 2년 뒤 단종을 밀어내고 왕위에 올랐는데, 그가 바로 세조입니다. 그러자 성삼문과 몇몇 신하들은 세조를 없애고 단종을 다시 왕으로 모실 계획을 세웠습니다. 단종을 왕으로 세우려는 계획은 세조에게 먼저 알려졌고, 박팽년 등 신하들은 잡히게 되었습니다. 이때 끝까지 절개를 지키다 죽은 여섯 명을 가리켜 '사육신'이라고 합니다.

Day 003 2) 금오신화

'금오신화'는 조선 전기에 김시습이 지은 한문 소설집으로서 한국 전기체 소설의 효시입니다. '전등신화'는 중국 명나라 구우의 단편 전기소설집입니다.

Day 004 2) 직전법

'과전법'은 고려 말에서 조선 초기에 걸쳐 실시된 토지 제도로서 경기 지방에 한하여 전·현직 관리에게 토지를 나누어 주었습니다. 사후 국가 반납이 원칙이었으나 수신전, 휼양전으로 세습되어 조선 시대 태종 때부터 과전의 부족을 초래하였습니다. 세조 때 결국 현직 관리에게만 토지를 지급하는 '직전법'으로 바꾸었습니다.

Day 005 1)양인 – 노비 – 양인

고려 광종 때 호족 세력의 견제와 왕권 강화를 위해 노비안검법을 실시했습니다.

10 Week

Day 001 조선시대 임금의 비서 기관으로서 오늘날의 대통령실 또는 대통령 비서실과 비슷한 이 기관의 이름은?

1) 중추원

2) 승정원

Day 002 '신문의 날'에 대한 다음 설명을 읽고 괄호안의 알맞은 말을 골라 O표 하시오.

신문의 사명과 책임을 자각하고 자유와 품위 등을 강조하기 위하여 제정한 '신문의 날'은 (독립신문, 한성순보) 창간 61주년(1896년 4월 7일 창간)을 기하여 언론인들이 제정하였다.

Day 003 '조선 총독부'에 대한 설명이 맞으면 O표, 틀리면 X표 하시오.

1) 일제 강점기에 조선을 지배했던 식민 통치 기구이다. (   )

2) 이 건물은 해방 후 중앙청과 국립중앙박물관으로 사용되고 있다. (   )

3) 일제 강점기 35년 동안 창씨개명과 신사 참배를 강요하는 등 민족 말살 정책을 폈다. (   )

Day 004 인물과 나라가 바르게 연결된 것을 고르시오.

1) 궁예 – 후백제 건국

2) 견훤 – 후고구려 건국

3) 왕건 – 고려 건국

Day 005 다음의 제도들과 관련된 개념을 고르시오.

'상평창' '의창' '대비원' '제위보'

1) 백성보호

2) 군사조직

3) 지방행정

Day 001 **2) 승정원**

임금의 비서실이었던 '승정원'의 중요한 임무는 임금의 명령을 신하에게 전달하고, 상소와 같은 중요한 문서를 임금에게 올리는 일이었습니다. 고려시대에 있었던 '중추원'은 승정원과 같은 비서 기관으로서 이때에도 주된 역할은 왕명을 전달하는 것이었습니다.

Day 002 **독립신문**

우리나라 최초의 신문은 한성순보지만, 신문의 날인 4월 7일은 한성순보를 만든 날이 아니라 독립신문을 만든 날로 정해졌습니다. 이것은 한말 기울어가는 국운을 바로 잡고 민족을 개화하여 자주 · 독립 · 민권의 기틀을 확립하고자 순한글판 민간중립지로 출발한 '독립신문'의 창간정신을 기리고, 그 구국이념을 본받아 민주 · 자유언론의 실천의지를 새롭게 다짐하는 기점이 된다는 데 의의가 있습니다.

Day 003 1) O 2) X 3) O

조선 총독부는 해방 후 중앙청과 국립중앙박물관으로 사용되다가, 1995년 김영삼 정부 때 완전히 철거되어 지금은 사라지고 없습니다.

Day 004 **3) 왕건-고려건국**

'견훤'은 신라 말, 중앙 정부의 힘이 약해진 틈을 타 전라도 지역에 '후백제'를 세웠습니다. 하지만 결국 왕건의 고려에게 나라를 넘겨주어야 했습니다. 신라 왕족 출신인 '궁예'는 호족들의 도움으로 '후고구려'를 세웠지만, 무리하게 왕권을 강화하는 과정에서 갈등이 생겨 죽고 말았습니다.

Day 005 **1) 백성보호**

'상평창'은 풍년이 들어 곡식값이 떨어지면 곡식을 사두었다가 흉년에 곡식값이 오르면 곡식을 풀어 가격을 조절하는 기관이며, '의창'은 보릿고개 때 나라에서 곡식을 빌려주었다가 추수 후에 돌려받는 제도였습니다. '대비원'은 가난한 환자를 치료해 주는 의료 기관이었고, '제위보'에서는 기금을 마련해서 그 이자로 가난한 사람을 도와주었습니다.

11 Week

Day 001 괄호 안에 들어갈 알맞은 말을 쓰시오.

우리 역사상 가장 넓은 영토를 개척했던 해동성국 (　　　)는 9세기 후반에 국력이 기울어지더니, 당나라가 멸망한 후 급속히 세력을 확대시켜 나가던 거란에 의해 멸망했다.

1) 발해

2) 신라

Day 002 괄호 안에 들어갈 알맞은 말을 고르시오.

신라의 마지막 임금인 경순왕의 아들인 '마의 태자'는 신라가 스스로 고려에 항복하는 것에 강하게 반대하다 (   )에 들어가 남은 삶을 살았다.

1) 한라산
2) 금강산
3) 실익산

Day 003 조선후기 실학자인 '정약용'과 관련된 것이 아닌 것은 무엇일까요?

1) 경세유표
2) 목민심서
3) 수원 화성
4) 혼천의

Day 004 고려 말의 충신이자 유학자로서 고려 왕조를 떠받들다가 이방원에 의해 선죽교에서 피살된 이 사람은 누구일까요?

1) 정도전

2) 정몽주

Day 005 밑줄 친 내용 중 '이성계'가 주장한 것은 무엇일까요?

명나라가 철령 이북의 땅을 자신의 소유라고 주장하자, 고려의 조정에서는 1) 명나라를 쳐서 요동을 차지하자는 의견과 2) 명나라와의 전쟁을 포기하고 명의 주장을 들어주자는 의견으로 나뉘었다.

정답

Day 001 **1) 발해**

삼국을 통일하고 천 년의 문화를 꽃피웠던 신라는 8세기 후반부터 귀족들의 왕위 다툼과 지배층의 부패로 나라가 어지러워지기 시작했으며, 935년에는 고려를 세운 왕건에게 항복해 멸망했습니다.

Day 002 **2) 금강산**

신라의 마지막 임금인 경순왕은 나라를 더이상 지탱할 수 없다고 생각하고, 고려에 항복하기로 신하들과 뜻을 모았습니다. 그러나 태자는 이 결정에 통곡하고 금강산으로 들어가 서민들이 입던 마의만 입고 거친 음식을 먹으면서 살았다고 합니다.

Day 003 **4) 혼천의**

정약용은 '경세유표'와 '목민심서', '흠흠신서' 등 사회 개혁 방안을 담은 책을 남겼으며, 선진 기술이나 새로운 사상에 관심이 많았습니다. 정조 때 한강에 배 80여 척을 연결한 뒤 그 위에 판자를 놓아 배다리를 만든 일이나, 수원 화성을 건설할 때 거중기를 만들어 효율적으로 공사를 진행한 것은 그러한 면을 잘 보여줍니다. '혼천의'는 세종 때 만든 하늘의 모형으로, 천체의 운행과 위치를 측정하는 천문 관측 기구입니다.

Day 004 **2) 정몽주**

신진사대부는 온건파와 급진파로 나뉘는데, '정몽주', '길재'와 같은 온건파는 잘못된 제도를 고쳐서 고려 사회를 유지하려고 했습니다. 이와 다르게 '정도전', '조준' 등의 급진파는 고려를 무너뜨리고 새로운 나라를 세워야 한다고 했는데요. 급진파의 정도전과 무인 이성계가 의기투합하여, 이성계를 왕으로 세우며 조선을 건국합니다.

Day 005 **2)명나라와의 전쟁을 포기하고 명의 주장을 들어주자는 의견**

이성계는 4가지 이유를 들어 요동정벌을 반대했습니다. 결국 이성계는 5만 명의 군사를 이끌고 요동 지역을 공격하러 갔다가 위화도에서 군사를 돌렸습니다. 개경으로 군사를 이끌고 와서 우왕과 최영을 제거하고 정치적 실권 장악한 후 조선을 세웠습니다.

Day 001 조선시대에 쓰이던 엽전인 '상평통보'에 대한 설명이 맞으면 O표, 틀리면 X표 하시오.

1) 숙종 때 처음 만들어져 약 100년 동안 사용되었다. (　　)

2) 상평통보의 단위는 1문(푼)이며, 1문(푼)은 현재 약 20원 정도 되는 셈이다. (　　)

3) 우리나라 화폐 역사상 전국에서 사용된 최초의 동전이다. (　　)

Day 002 다음 중 '홍길동전'에 대한 설명이 맞으면 O표, 틀리면 X표 하시오.

1) 우리나라 최초의 한글 소설이다. (　　)

2) 지은이가 누구인지 밝혀지지 않았다. (　　)

3) 후대 소설 창작에 큰 영향을 주었다. (　　)

Day 003 〈보기〉를 읽고, 괄호 안에 들어갈 알맞은 말을 고르시오.

〈보기〉

(　　　)는 10대 후반에 이미 도화서의 화원이 되었고,
임금님의 초상화를 그리는 어진화사에 세 번이나 뽑히기도 했다.
특히 조선시대 서민들의 모습을 생생하게 그린 풍속화에
가장 탁월한 솜씨를 보였으며 그의 대표적인 작품으로는 '서당'이 있다.

1) 신윤복

2) 김홍도

Day 004 〈보기〉의 밑줄 친 이 곳은 지금의 어느 지역일까요?

〈보기〉

장보고는 흥덕왕을 찾아가 당나라 해적을 막기 위한 군사 기지를 만들 것을 건의했고, 흥덕왕은 장보고를 대사로 임명하여 청해에 '진'을 설치하도록 했다.

1) 완도

2) 우도

Day 005 〈보기〉의 명칭은 어느 나라의 바뀐 이름일까요?

〈보기〉

'마진'　　'태봉'

1) 후고구려

2) 후백제

Day 001 1) X 2) X 3) O

'상평통보'는 인조 때 처음 만들어졌지만 잘 쓰이지 않아 없어졌다가, 숙종 때부터 약 200년 동안 사용되었습니다. 흔히 동냥하는 사람들이 '한 푼 줍쇼.'라는 말을 할 때 한 푼은 조선의 화폐 단위에서 비롯된 것으로, 약 200원 정도 되는 셈입니다.

Day 002 1) O 2) X 3)O

'홍길동전'은 조선 중기 광해군 때의 정치가이자 학자였던 허균이 지었습니다. 한글 소설 대부분이 지은이가 누구인지 밝혀지지 않은 데 반해 '홍길동전'만은 유일하게 지은이와 쓰인 연대가 알려져 있다는 점에서 의의가 큽니다. 또한 '홍길동전'은 서포 김만중이 지은 '구운몽'과 '사씨남정기' 등 후대 소설 창작에 큰 영향을 주었습니다.

Day 003 2) 김홍도

'김홍도'는 '신윤복', '김득신'과 더불어 조선시대 3대 풍속화가로 지칭됩니다. '김홍도'가 소탈함과 익살이 깃든 서민층의 풍속을 다룬 것에 반해, 신윤복은 양반층의 풍류나 남녀 간의 연애, 향락적인 생활을 주로 그렸습니다.

Day 004 1) 완도

'청해진'은 통일 신라 흥덕왕 때 장보고가 지금의 전라남도 완도에 설치한 군사기지입니다. 즉 지금의 완도읍 장좌리에 진을 친 뒤 수병을 훈련시켜 해적들을 소탕했습니다.

Day 005 1) 후고구려

'후고구려'는 901년에 궁예가 고구려를 계승하겠다며 세운 나라이며, 904년에는 나라 이름을 마진으로 고치고 정치 제도를 정비했습니다. 905년에는 철원으로 도읍을 옮겼으며, 911년에는 나라 이름을 '태봉'으로 바꾸었습니다.

13 Week

Day 001 다음 중 신라 '지증왕'과 관련된 것이 아닌 것은 무엇일까요?

1) 우경법

2) 우산국

3) 화랑도

4) 왕호 사용

Day 002 괄호 안에 들어갈 알맞은 말을 고르시오.

홍범도가 이끄는 독립군 연합 부대는 일본군을 ( ) 골짜기로 끌어들여 기습적으로 공격했다. 좁은 골짜기에 갇힌 신세가 된 일본은 커다란 피해를 입고 물러났다.

1) 청산리

2) 봉오동

Day 003 〈보기〉의 사건을 순서대로 배열한 것은 고르시오.

〈보기〉

'을미사변' 'Ⓒ단발령' '삼국간섭'

1) 삼국간섭– 을미사변 – 단발령

2) 삼국간섭 – 단발령 – 을미사변

Day 004 〈보기〉의 개념과 관련 있는 인물은 누구일까요?

〈보기〉

대성학교　　신민회　　흥사단

1) 안창호

2) 주시경

Day 005 1919년에 일어난 사건이 아닌 것은 무엇일까요?

1) 3 · 1운동

2) 대한민국 임시정부 수립

3) 봉오동 전투

정답

Day 001 3) 화랑도

'지증왕' 때 소를 농경에 이용하는 우경이 장려되었으며, 지배자의 호칭도 마립간에서 왕으로 바뀝니다. 또한 지금의 울릉도인 우산국까지 정벌하면서 울릉도에 속한 섬인 독도도 우리나라의 영토가 됩니다. '화랑도'는 나라를 위해 일할 인재를 교육하는 청소년 단체로, '진흥왕' 때의 국가적인 조직입니다.

Day 002 2) 봉오동

'청산리 대첩'은 김좌진 장군이 이끄는 독립군이 만주의 청산리에서 5만 명의 일본군을 대파한 전투입니다.

Day 003 1) 삼국간섭- 을미사변 - 단발령

일제의 지나친 세력 확장을 염려한 러시아 · 독일 · 프랑스는 일제에 압력을 넣어 청나라에게서 빼앗은 땅을 돌려줄 것을 요구했는데, 이를 삼국간섭이라 합니다. 또 조선도 러시아를 이용해 일제를 견제하려 하자, 일제는 세력 만회를 위해 친러 세력의 우두머리인 명성 황후를 시해합니다(을미사변). 을미사변 이후, 일제에 의해 성립된 친일 내각이 실시한 개혁 중 하나가 단발령입니다.

Day 004 1) 안창호

'안창호'는 대성학교, 흥사단 등을 세우고 민족의 실력을 기르기 위한 교육 활동에 힘썼으며, 독립운동에 앞장서 신민회와 대한민국 임시 정부 등에서도 활약했습니다. '주시경'은 우리 민족의 계몽을 위해 우리말을 연구해 대중들에게 가르쳤으며, '국어 문법'과 '국어사전' 등을 펴냈습니다.

Day 005 3) 봉오동 전투

봉오동 전투는 1920년 6월에 독립군 연합 부대가 중국 지린 성의 봉오동에서 일본군과 싸워 크게 승리한 전투입니다.

Day 001 괄호 안의 내용 중 알맞은 말을 골라 O표 하시오.

모스크바 3상 회의에 대한 '동아일보'의 대대적인 보도는 전국적인 반탁운동을 불러왔고, 한민당은 (미국, 소련)을 강하게 비판했다.

Day 002 〈보기〉와 관련된 인물은 누구일까요?

〈보기〉

일장기 말소 사건으로 '조선중앙일보'는 폐간하였고
'동아일보'는 무기한 정간을 당하기도 하였다.

1) 손기정

2) 여운형

Day 003 다음 설명을 읽고, 알맞은 인물을 찾아 O표 하시오.

1) (윤봉길, 이봉창)은 일본 도쿄에서 일본 왕을 처단하기 위해 일본 왕이 탄 마차를 향해 폭탄을 던졌다.

2) (윤봉길, 이봉창)은 상하이 홍커우 공원에서 열린 일왕의 생일 행사에 폭탄을 던져 일본군을 응징 하였다.

Day 004 '문익점'의 목화씨에 대한 설명이 맞으면 O표, 틀리면 X표 하시오.

1) 붓두껍에 목화씨를 몰래 숨겨서 가지고 들어왔다. (   )
2) 고향으로 내려가 호승인 홍원과 씨앗을 나누어 재배했다. (   )
3) 면직물 생산을 널리 보급하는데 기여하여 백성들의 옷감이 삼베에서 무명으로 바뀌게 되었다. (   )

Day 005 다음 중 한국의 독립을 최초로 명시한 선언은 무엇일까요?

1) 카이로 선언
2) 포츠담 선언

정답

Day 001 소련

모스크바 3국 외상 회의가 열리고 있던 1945년 12월 27일, '동아일보'가 '소련 신탁통치 주장'을 보도하였다. 즉시 독립을 원했던 한국인 대다수가 '동아일보'의 보도에 놀라움을 금치 못했습니다. 그러나 사실 12월 27일자 '동아일보'의 보도는 명백한 오보로, 기사와는 달리 신탁 통치를 제안한 쪽은 소련이 아니라 미국이었습니다.

Day 002 1) 손기정

'동아일보'와 '조선중앙일보'는 마라톤 소식을 신문에 내보내면서 손기정이 입은 옷에 새겨진 일장기를 지워서 올렸습니다. 이 사건으로 '조선중앙일보'의 사장 '여운형'은 사장직에서 물러나야 했지만, 1944년에 조선 건국 동맹을 만들어 일본의 패망과 광복에 대비했습니다.

Day 003 1) 이봉창 2) 윤봉길

'윤봉길'과 '이봉창'은 김구가 이끄는 한인 애국단의 단원이었습니다. 이 두 사건 이후 대한민국 임시정부는 중국의 지원을 받게 됐습니다.

Day 004 1) X 2) X 3) O

붓두껍에 목화씨를 몰래 숨겨서 가지고 들어왔다는 이야기도 있지만, 이는 후대에 과장된 이야기입니다. '문익점'은 고향으로 내려가 장인인 '정천익'과 씨앗을 나누어 재배하였으며, '정천익'은 호승인 '홍원'에게서 씨를 뽑고 베를 짜는 기술을 배워 10년이 되지 않아서 나라 전체에 목면 재배와 무명이 보급되었습니다.

Day 005 1) 카이로 선언

'카이로 선언(1943)'에서 결정한 한국의 독립은 '포츠담 선언(1945)'에서 다시 한번 확인되었습니다.

15 Week

Day 001 '제주 4 · 3 사건'과 관련해 사건 발생 후 처음으로 국가 차원의 잘못을 공식 사과한 대통령은 누구일까요?

1) 김대중 대통령

2) 노무현 대통령

Day 002 '한국 전쟁' 시, 남쪽으로 내려오는 북한군을 막기 위해 국군이 폭파한 다리는 무엇일까요?

1) 한강대교

2) 광안대교

Day 003 아래의 설명을 읽고, 괄호 안에 알맞은 말을 고르시오.

1950년에 미군이 양민을 사살한 사건으로서, (　　　　)학살을 밝혀낸 AP통신 기자들은 퓰리처상을 수상했다.

1) 거창

2) 노근리

Day 004 아래의 설명을 읽고, 괄호 안에 알맞은 말을 고르시오.

청계천의 버들 다리 위에는 (　　　　)의 동상이 세워져 있으며, 이 사람의 어머니 이소선도 자식의 뜻을 이어 노동 운동에 뛰어들었다.

Day 005 괄호 안의 내용 중 알맞은 말을 골라 O표 하시오.

1987년 6월 국민들의 대규모 민주화 운동으로 우리나라는 마침내 (대통령 간선제, 대통령 직선제) 헌법이 성립되었다.

Day 001 2) 노무현 대통령

김대중 정부 때인 2000년 국민화합 차원에서 진상규명과 보상을 위해 '제주 4 · 3 사건 진상규명 및 희생자 명예회복에 관한 특별법'이 제정되었습니다. (제주 4 · 3 사건: 1948년 4월 3일 남한의 단독정부 수립에 반대하며 무장봉기한 세력을 진압하는 과정에서 토벌대가 무고한 양민들까지 대량 학살한 사건입니다.)

Day 002 1) 한강대교

북한군의 남진을 늦추기 위해 한강대교를 폭파했습니다. 그러나 그 순간까지도 라디오에서는 "우리는 3일 안에 평양을 점령할 수 있습니다. 국민 여러분, 안심하십시오!"라는 이승만 대통령의 목소리가 흘러나오고 있었고(하지만 그것은 녹음된 것일 뿐, 그는 이미 서울을 빠져나간 뒤였지요), 다리 위에 있던 많은 사람이 강으로 떨어졌고, 수많은 시민이 한강 이북에 발이 묶였습니다.

Day 003 2) 노근리

'노근리양민학살사건'은 6 · 25전쟁 발발 직후인 1950년 7월 미군이 노근리의 경부선 철도 아래와 터널, 속칭 쌍굴다리 속에 피신하고 있던 인근 마을 주민 수백 명을 무차별 사격하여 300여 명이 살해당한 사건입니다. '거창양민학살사건'은 1951년 2월 거창군 신원면에서 국군 제 11사단 소속 군인들이 마을 주민을 집단학살한 사건으로서, 6 · 25 전쟁 중에 일어난 많은 민간인 학살처럼 이 사건 역시 군이 작전이라는 명목하에 주민들을 의도적으로 살해한 집단학살이었습니다.

Day 004 전태일

'전태일'은 노동자들의 권리를 찾기 위해 자신을 희생한 노동 운동가입니다. 자신의 몸을 불태웠던 청계천의 다리에는 그의 동상이 세워졌으며, 영화 '아름다운 청년 전태일'이 만들어지기도 했습니다.

Day 005 대통령 직선제

대통령 직선제는 모든 국민들이 대통령을 뽑는데 직접적으로 참여하는 선거제도로서, 1987년 6월 민주 항쟁의 결과 16년 만에 국민이 직접 대통령을 선출하게 되었습니다.

Day 001 괄호 안에 들어갈 알맞은 말을 고르시오.

조선 시대에는 큰 가뭄이 들거나 흉작 · 기근이 있을 경우 국가에서 (   ) 마시는 것을 금지했다.

1) 차

2) 술

Day 002 영조 때 통신사로 일본에 갔던 조엄이 대마도에서 가져온 종자로서, 동래와 제주도에서 재배하게 한 이 식물은 무엇일까요?

1) 고구마
2) 감자

Day 003 '한중록'에 대한 설명이 맞으면 O표, 틀리면 X표 하시오.

1) 사도세자의 부인이자 정조의 어머니 혜경궁 홍씨의 작품이다. (　　　)
2) 한 번에 완성된 것이 아니라 모두 네 차례에 걸쳐 지어진 작품이다. (　　　)
3) 뒤의 3편은 회갑 때 쓴 것으로 자신의 인생 역정을 한가롭게 회고하는 형식이다. (　　　)

Day 004 괄호 안에 들어갈 알맞은 지역을 고르시오.

조선 후기에 홍경래와 농민들이 (   )에서 일으킨 반란으로서, (   )에 대한 지역 차별과 고단한 생활에 불만을 품고 일어났다.

1) 전라도

2) 경상도

3) 평인도

Day 005 괄호 안에 들어갈 알맞은 말을 고르시오.

조선 순조 16년에 김정희가 친구 김경연과 함께 북한산 승가사에 갔다가 발견하여 조사한 후에 (   )임을 밝혀내고, 그 내용을 비 왼쪽면에 기록해 놓았다.

1) 진흥왕순수비

2) 광개토대왕릉비

Day 001 **2) 술**

조선에서는 쌀로 술을 빚었기 때문에 쌀의 소비를 줄여 식량 사정을 악화되지 않게 하려고 금주령을 내렸습니다. 조선 영조 시대의 금주법이 그 예입니다.

Day 002 **1) 고구마**

'조엄'은 1763년 통신사로 일본에 다녀오면서 대마도에서 고구마 종자를 구입하여 다음해 동래와 제주도에서 이를 재배하여 구황식물로 쓰일 수 있게 했습니다.

Day 003 **1) O 2) O 3) X**

뒤의 3편은 어린 순조가 후일 장성하여 자신이 쓴 글을 보고 억울함을 풀어주었으면 하는 바람에서 지은 것으로 혜경궁이 자신의 집안을 변론하는 내용이 주를 이루고 있습니다.

Day 004 **3) 평안도**

조선초 서북출신들은 고려의 유민으로 구분되어 등용되지 못했고 이후 천한 신분으로 여겨졌습니다. 특히 '평안도'는 활발한 상업 활동을 바탕으로 빠른 경제 발전과 역동적인 사회상을 보이고 있었으나 정치권력으로부터 소외되어 지역민의 불만이 더욱 컸습니다.

Day 005 **1) 진흥왕순수비**

조선시대에는 무학대사의 비로 알려져 있었는데, 1816년 금석학자 '김정희'가 이 비를 조사한 후에 그 참모습이 밝혀지게 되었습니다.

Day 001 중앙의 지시도 없이 지방관들의 자의로 전개된 천주교 박해사건은 무엇일까요?

1) 신해박해

2) 신유박해

3) 을해박해

Day 002 조선 말 순조와 철종 때 왕의 외척으로 '세도 정치'를 행한 일가는 어디일까요?

1) 안동 김씨

2) 여흥 민씨

Day 003 조선에 최초로 교역을 요구한 이양선은 무엇일까요?

1) 제너럴셔먼호

2) 로드 암허스트호

Day 004 '김정호'가 편찬한 전국 지리지는 무엇일까요?

1) 대동여지도

2) 대동지지

Day 005 흥선대원군이 왕실의 존엄과 권위를 회복하기 위해 중건한 것으로서, 조선 말기의 건축 · 공예 · 미술의 결정체라고 할 만한 이것은 무엇일까요?

1) 경복궁

2) 창덕궁

Day 001 3) 을해박해

1815년에 기근이 심해지자 교인들의 재산을 노린 일부 몰지각한 백성들의 탐욕과 지방관들의 자의로 중앙의 지시도 없이 천주교인들에 대한 박해가 일어났습니다.

Day 002 1) 안동 김씨

순조가 11세의 나이로 즉위하자 김조순이 왕의 후견인이 되어 자기 딸을 왕비로 들이고 자신의 정치적 기반을 강화시킨 것입니다. 이후 안동 김씨에 의한 세도정치가 시작되어 중앙의 요직은 모두 이들 일족이 독점했습니다.

Day 003 2) 로드 암허스트호

조선에 최초로 문호 개방과 교역을 요청한 것은 1832년에 황해도 몽금포 앞바다에 나타난 영국 상선 '암허스트호'였습니다. 미국 상선인 '재너럴셔먼호'는 1866년 조선에 통상을 요구하며 만행을 저지르다 평양 주민들의 공격을 받았습니다.

Day 004 2) 대동지지

김정호는 지도와 지리지를 함께 이용해야 국토정보를 효과적으로 이해할 수 있음을 늘 강조했습니다. '대동지지'는 '대동여지도(김정호가 만든 전국 지도)'와 함께 이용할 것을 전제로 편찬된 지리지였습니다.

Day 005 1) 경복궁

'창덕궁'은 1405년 지어진 조선시대의 궁궐로서 지금까지 남아 있는 조선의 궁궐 5곳 가운데 가장 많은 시간 동안 임금이 머물렀던 곳이기도 하다. 1997년에 유네스코 세계 문화유산으로 등재되었습니다.

From
18Week

to
34Week

Day 001 괄호 안의 내용 중 알맞은 말을 골라 O표 하시오.

일본은 '운요호 사건'을 구실로 조선에 군함을 파견해 문호 개방을 요구했고, 조선은 어쩔 수 없이 1876년 일본과 통상 조약을 맺었다. (강화도 조약, 제물포 조약)은 조선이 외국과 맺은 최초의 근대적인 조약이지만 불평등 조약이기도 했다.

1) 강화도 조약

2) 제물포 조약

Day 002 조선시대에 선교사 스크랜튼이 창설한 한국 최초의 사립여성교육기관은 무엇일까요?

1) 배재학당
2) 이화학당

Day 003 '거문도 사건'에 대한 아래의 내용 중 알맞은 말을 골라 O표 하시오.

(러시아, 영국)은 (러시아, 영국)의 조선진출을 견제하기 위하여 1885년 거문도를 불법으로 점령했다.

Day 004 '임오군란'의 배경이 되는 아래의 설명을 읽고, 괄호 안에 들어갈 숫자를 합하여 적으시오.

신식 군대인 별기군이 급료와 보급에서 좋은 대우를 받는데 비해 구식군대는 (   )달 동안 봉급미를 받지 못해 불만이 높았다. 그러던 차에 겨우 (   )달 치의 급료를 받게 되었으나 그것마저 모래가 반 넘어 섞여 있었다.

Day 005 '강화도령'이라는 별명을 가진 왕으로서, 가족과 함께 강화에 유배되었다가 헌종이 후사가 없이 죽자 순원 왕후의 명으로 왕위를 계승하였다. 강화도에서 농사짓다가 갑자기 왕이 된 이 사람은 누구일까요?

1) 순종

2) 철종

정답

Day 001 1) 강화도 조약

'제물포 조약'은 1882년 임오군란으로 발생한 일본측의 피해보상문제 등을 다룬 조선과 일본 사이의 조약입니다.

Day 002 2) 이화학당

1887년 고종황제가 '이화학당'이라는 교명을 하사했습니다. 이는 이화학당이 국가로부터 공식적인 인정을 받은 최초의 근대식 여학교임을 의미합니다. '배재학당'은 1885년 선교사 아펜젤러에 의해 설립된 근대식 중등 교육기관입니다.

Day 003 영국, 러시아

조선 내에 러시아의 영향력이 강화되던 당시는 영 · 러 간에는 아프카니스탄 문제를 둘러싸고 긴장이 고조된 때였습니다. 이때 러시아의 영흥만 점령 계획설이 나돌면서, 영국도 러시아에 대해 견제하려는 수단으로 거문고 점령 계획을 추진하게 되었습니다.

Day 004 14

구식군대는 봉급이 13달이나 밀렸으며, 겨우 한 달 치 쌀을 받았는데 그것마저 말수가 턱없이 부족한데다 모래가 반 넘어 섞여 있었습니다. 이에 격분한 구식군대가 일으킨 병란이 '임오군란'입니다.

Day 005 2) 철종

조선의 25대 임금인 '철종'은 헌종이 대를 이을 자식 없이 죽자 갑자기 임금으로 추대되었습니다. 그러나 세도 정치로 인해 자기 나름의 정치를 제대로 펼치지 못했습니다. '순종'은 조선의 제27대 왕이자 대한제국 최후의 황제입니다.

19 Week

Day 001 괄호 안에 들어갈 알맞은 말을 고르시오.

1876년 병자수호조약이 체결되자 최익현은 조약을 강요한 일본 사신의 목을 베라며 (   )를 들고 상소를 하였다.

1) 낫

2) 도끼

Day 002 흥선대원군을 하야하게 만든 최익현의 상소는 무엇일까요?

1) 시폐사조소

2) 계유상소

Day 003 천연두의 예방접종인 '종두'에 대한 설명이 맞으면 O표, 틀리면 X표 하시오.

1) 1796년 5월 영국인 제너가 발견하였다. (　　　)

2) 한의학사 지석영이 제생의원에서 종두법을 배워 퍼뜨렸다. (　　　)

3) 천연두 환자는 꾸준히 발생하여 지금도 종두법을 권하고 있다. (　　　)

Day 004 다음 중 알맞은 말을 골라 O표 하시오.

김정희의 유배시절, 중국에 사신으로 자주 갔던 제자 이상적은 중국에서 최신 서적을 구해다 스승 김정희에게 보내주었다. 이에 대한 보답으로 김정희는 (그림, 조각)을 선물했다.

Day 005 조선에 표착한 '하멜'에 대한 설명이 맞으면 O표, 틀리면 X표 하시오.

1) 하멜은 일본으로 가는 도중 태풍을 만나 제주도에 표착했다. (　　　)

2) 우리나라에서 생활한 13년간의 기록이 하멜표류기이다. (　　　)

3) 제주도에 하멜의 생애와 업적을 기리기 위한 하멜등대가 있다. (　　　)

Day 001 2) 도끼

임금이 죽으라면 언제든 스스로 목숨을 끊겠다는 비장한 각오로 상소를 올리는 것을 지부소라고 하는데, 도끼를 들고 상소를 올린 뒤 임금의 명령을 기다리는 것입니다.

Day 002 2) 계유상소

시폐사조소와 계유상소 모두 최익현이 올린 상소이지만, 10년간 유지되던 대원군의 권력이 해체되는 데에 영향을 미친 상소는 계유상소입니다. 최익현은 계유상소를 통해 흥선대원군의 정치를 총체적으로 비판하고, 만동묘 훼철, 서원 철폐 등을 비판했습니다.

Day 003 1) O 2) O 3) X

1967년 세계보건기구(WHO)의 천연두 근절계획 실천으로 환자 수가 줄어들었고, 1979년 천연두 근절이 선언된 후부터는 종두법을 권장하지 않고 있습니다.

Day 004 그림

이 그림이 바로 '세한도'입니다. 세한도에 붙은 글에는 공자의 "날씨가 추워진 뒤에야 소나무와 잣나무가 늦게 시듦을 알게 된다."를 인용하며 이상적을 칭찬하는 내용이 담겨 있습니다.

Day 005 1) O 2) O 3) X

하멜등대는 여수에 있다. 하멜은 여수에 머무르다가 1666년에 일본을 거쳐 본국 네덜란드로 건너갔는데 이를 기념한 것이다.

Day 001 다음 중 〈보기〉와 관련 있는 정부를 고르시오.

〈보기〉

'문민정부' '공직자 윤리법' '금융실명제'

1) 김영삼 정부

2) 김대중 정부

Day 002 괄호 안에 들어갈 알맞은 사건은?

( ) 붕괴사고는 1995년에 발생했으며, 한국전쟁 이후 가장 큰 인적 피해로 기록되고 있다. 무리한 확장공사와 부실공사가 원인이었으며, 몇 개월 전부터 조짐이 있었지만 제대로 대응하지 않아 일어난 안타까운 사고였다.

Day 003 1929년 벌어졌던 '원산총파업'에 대한 설명이 맞으면 O표, 틀리면 X표 하시오.

1) 일본인 감독의 조선인 노동자 구타 사건이 원인이 되었다. (　　　)

2) 원산노동연합회 산하 노동조합원 200여 명이 참여했다. (　　　)

3) 전국 각지의 노동조합 · 청년단체 등이 물심양면으로 후원하였다. (　　　)

Day 004 경복궁에 있는 조선시대 국가의 중대한 의식을 거행하던 궁궐건물은 무엇일까요?

1) 근정전
2) 건청궁

Day 005 일본에 의해 명성왕후가 시해된 사건을 '을미사변'이라고 하는데요. 이후 신변에 위협을 느낀 고종은 왕세자와 함께 피신합니다. 어디로 피신했을까요?

1) 중명전
2) 러시아 공사관

Day 001 **1) 김영삼 정부**

김영삼 정부를 군부 출신이었던 이전 대통령과의 차이점을 부각시켜 '문민정부'라고도 합니다. 깨끗한 정부를 표방하면서 공직자 윤리법을 개정하고 공직자의 재산 공개를 의무화했으며, 경제 정의를 이루려는 방침으로 금융실명제를 실시했습니다.

Day 002 **삼풍백화점**

1년 전의 성수대교 붕괴사건과 함께 예고된 참사의 하나였습니다.

Day 003 **1) O 2) X 3) O**

문평라이징선 제유회사에서 시작된 파업은 원산노동연합회 산하 노동조합원 2,200여 명이 참여한 한국노동운동사상 최대 규모의 파업이었습니다.

Day 004 **근정전**

근정전은 정전으로 왕의 즉위식, 과거시험 등 중대한 행사가 이루어지던 곳으로 정도전이 '부지런하게 정치하라.'는 의미의 이름을 붙였습니다.

Day 005 **2) 러시아 공사관**

1896년 일어난 '아관파천'이라고 합니다. 고종이 아관에 머무르는 동안 친러파가 정권을 장악하게 됩니다. 또한 열강들의 이권침탈이 많이 이루어졌습니다.

Day 001 우리나라 최초의 가로등이 켜진 곳은 어디일까요?

1) 종로

2) 광화문

Day 002 다음 중 우리나라 최초의 철도는?

1) 경인선

2) 호남선

Day 003 청산리 전투 등에서 독립군에게 참패한 일본이 그에 대한 보복으로 한국인을 무차별 학살한 사건을 고르세요.

1) 간도참변

2) 관동대학살

Day 004 다음 괄호 안에 들어갈 말로 옳은 것은?

일본군 ( )문제를 국내외에 알리고 ( )피해자를 기리기 위하여 제정된 국가기념일은 8월 14일이다.

Day 005 ‘청와대 국민청원’ 게시판에서 국민들이 추천한 청원 수가 몇 명 이상일 때 정부 및 청와대 관계자들의 답변을 받을 수 있을까요?

1) 10만 명
2) 20만 명
3) 30만 명

Day 001 1) 종로

우리나라 최초의 민간 가로등을 세운 것은 '한성전기회사'입니다. 당시 운종가로 불리던 종로에서 최초의 가로등이 세워졌습니다.

Day 002 1) 경인선

1899년에 제물포(인천)와 노량진(서울)을 잇는 27km의 경인선을 시작으로 조선에 철도가 놓여집니다.

Day 003 1) 간도참변

'관동대학살'은 일본 관동 지방에서 발생한 대지진을 수습하는 과정에서 일본 정부가 조장한 유언비어로 인해 조선인들이 대량학살된 사건입니다.

Day 004 위안부

'8월 14일'은 일본군 '위안부' 피해자인 김학순 할머니가 처음으로 그 피해 사실을 증언한 날입니다. 첫 증언을 했던 8월 14일을 기려 '일본군 위안부 피해자 기림의 날'로 지정되었습니다.

Day 005 2) 20만명

청와대 국민청원 게시판은 2017년 8월 17일 문재인 정부 출범 100일을 맞아 국민과 직접 소통하겠다는 취지로 신설된 게시판입니다.

Day 001 괄호에 들어갈 알맞은 지역을 고르시오.

11월 3일에 제정된 '학생독립운동기념일'은 1929년 11월 3일, 일제강점기 조선 ( )에서 일어난 '( )학생항일운동'을 기념하는 대한민국의 기념일이다.

1) 서울

2) 광주

Day 002 '국채보상운동'에 대한 설명이 맞으면 O표, 틀리면 X표 하시오.

1) 대구에서 발단되었다. (　　　)

2) 일본에서 도입한 차관 1300만 원을 갚아 주권을 회복하려 했다. (　　　)

3) 당시 최하류층에 속했던 기생들은 국채보상운동에 참여할 수 없었다. (　　　)

Day 003 1907년 '헤이그 특사 사건' 이후 일어난 일은 무엇일까요?

1) 을사늑약

2) 고종폐위

Day 004 다음 중 〈보기〉와 관련 있는 지역을 고르시오.

〈보기〉

'철거민' '화재' '두 개의 문'

1) 용산

2) 수원

Day 005 다음 중 알맞은 말을 골라 O표 하시오.

(금강산, 백두산) 관광 사업은 한국의 민간인들이 북한의 (금강산, 백두산)을 둘러보는 관광 상품으로, 1989년 현대그룹의 정주영 명예회장이 방북해서 체결했다.

정답

Day 001 2) 광주

'광주학생항일운동'은 광주에서 시작된 학생들의 시위운동으로 3 · 1운동 이후 가장 큰 규모로 벌어진 항일운동입니다.

Day 002 1) O 2) O 3) X

기생들은 진주애국부인회를 결성하여 국채보상운동에 힘썼습니다.

Day 003 2) 고종폐위

'을사늑약'의 부당함을 세계에 알려 무효화하기 위해 고종이 네덜란드 헤이그에서 열린 만국 평화 회의에 파견한 특별 사절단이 헤이그 특사입니다. 하지만, 일본의 방해로 실패했고, 일본은 이를 빌미로 고종 황제를 강제 퇴위시켰습니다.

Day 004 1) 용산

2009년 용산4구역 재개발의 보상대책에 반발하던 철거민과 경찰이 대치하던 중 화재가 발생해 6명이 사망하고 24명이 부상 당하는 대참사가 벌어집니다. 2012년에는 용산 참사를 재구성한 저예산 다큐멘터리 영화 '두 개의 문'이 개봉되기도 했습니다.

Day 005 금강산

금강산 관광은 2008년 관광객이 북한군의 피격으로 사망하는 사건이 발생하면서 잠정 중단되었다.

Day 001 다음 보기가 설명하는 회담은 무엇일까요?

1945년 한반도가 분단된 이후 처음으로 남북한의 정상이 직접 만난 회담.

1) 6 · 15남북정상회담

2) 10 · 2남북정상회담

Day 002 '현충일'에 대한 설명이 맞으면 O표, 틀리면 X표 하시오.

1) 6월 6일이며, 공휴일로 지정되어 있다. (　　　)

2) 추모대상범위는 한국전쟁에 전사한 국군만 대상으로 한다. (　　　)

3) 기념행사는 서울에서는 국립묘지에서 시행되고 있다. (　　　)

Day 003 '갑신정변'과 관계있는 단어를 고르세요.

'갑신정변'은 조선 고종 때 개화파가 권력을 잡기 위해 일으킨 정변으로서, 1884년 (우정국, 우정사) 건물의 완공을 기념하는 행사에서 일어났으며, 결국 (하루, 3일) 만에 실패로 돌아갔다.

Day 004 〈보기〉와 관련된 사건을 고르시오.

〈보기〉

'강화도'	'정족 산성 전투'	'외규장각 도서'

1) 병인양요

2) 신미양요

Day 005 조선 고종 때 대원군이 세운 '척화비'는 누구를 배척하기 위해 세웠던 석비일까요?

1) 청나라인

2) 서양인

Day 001 **1) 6·15남북정상회담**

'10 · 2남북정상회담'은 2007년 두 번째로 열린 회담으로 제2차 남북정상회담이라고도 합니다.

Day 002 **1) O 2) X 3) O**

우리나라를 지키기 위하여 목숨을 바친 모든 선열의 넋을 기리는 날입니다.

Day 003 **우정국, 3일**

갑신정변은 개화파가 권력을 잡기 위해 일으킨 정변입니다. 1884년 우정국 건물의 완공 기념 행사에서 일어났고, 3일 만에 실패로 돌아가고 맙니다.

Day 004 **1) 병인양요**

'병인양요'는 1866년 흥선대원군의 천주교 학살 · 탄압에 대항하여 프랑스함대가 강화도에 침범한 사건입니다. 이 전투 시 프랑스군은 외규장각 도서들을 약탈해 갔습니다.

Day 005 **2) 서양인**

1866년의 '병인양요'와 1871년의 '신미양요' 이후 대원군이 쇄국의 결의를 굳히고 온 국민에게 외세의 침입을 경계하기 위해 전국 각지에 세운 것이 '척화비'입니다.

24 Week

Day 001 '기사환국'은 서인이 실각하고 남인이 권력을 잡은 사건입니다. 이때 권력을 장악한 인물은 다음 중 누구일까요?

1) 장희빈

2) 인현왕후

Day 002 '조선왕조실록'은 조선 태조부터 어느 왕까지의 역사를 기록한 책일까요?

1) 철종

2) 헌종

Day 003 조선 후기, 소론은 노론이 지지한 영조가 즉위하자 위협을 느끼게 되었고, 영조가 숙종의 아들이 아니며 경종의 죽음에 관계되었다고 주장하며 난을 일으켰습니다. 소론이 주도한 이 반란은 무엇일까요?

1) 홍경래의 난

2) 이인좌의 난

Day 004 조선 왕 '영조'에 대한 설명이 맞으면 O표, 틀리면 X표 하시오.

1) 조선왕조 역대 임금 중 재위 기간이 가장 짧은 왕이다. (　　　)

2) 오늘날의 청계천을 준설하고 준천사를 설치했다. (　　　)

3) 사도세자를 죽인 일을 절대 후회하지 않았다. (　　　)

Day 005 '녹두묵에 고기볶음 · 미나리 · 김 등을 섞어 만든 묵무침'으로서 영조 때 실시한 정책에서 비롯된 이 음식은 무엇일까요?

1) 탕평채

2) 신선로

Day 001 **1) 장희빈**

'인현왕후'에게 후사가 없자 숙종은 장희빈의 아들(후에 경종)을 세자로 책봉하려 합니다. 그리고 이를 반대하는 서인을 축출하는데, 이후 인현왕후는 폐비가 됩니다.

Day 002 **1) 철종**

25대 472년간의 역사를 기록한 책으로, 1997년 10월에 유네스코 세계 기록 유산으로 지정되었습니다. 고종 · 순종의 기록은 일제가 왜곡된 사실을 기록하여 조선왕조실록으로 인정하지 않습니다.

Day 003 **2) 이인좌의 난**

'홍경래의 난'은 19세기 초 평안도에서 일어난 농민항쟁입니다.

Day 004 1) X 2) O 3)X

'영조'의 재위 기간은 52년으로 조선왕조 역대 임금 중 가장 깁니다. 영조는 사도세자를 죽인 일을 뒤늦게 후회하고 사도라는 시호를 내립니다.

Day 005 **1) 탕평채**

영조 때 여러 당파가 잘 협력하자는 '탕평책'을 논하는 자리에 처음으로 등장하였다고 전해집니다.

25 Week

Day 001 ‘효종’이 죽자 효종의 계모인 ‘자의 대비’의 상복 입는 기간을 둘러싸고 서인과 남인이 대립했던 사건을 (   ) 논쟁이라고 합니다. (   )에 들어갈 말은 무엇일까요?

1) 갑인

2) 예송

Day 002 조선시대 '균역법'에 대한 설명이 맞으면 O표, 틀리면 X표 하시오.

1) 백성들의 군역 부담을 덜어주기 위한 정책이었다. (   )

2) 군대에 직접 가지 않는 대신 내던 군포 2필을 1필로 줄였다. (   )

3) 균역법으로 양인들의 부담은 줄어들었다. (   )

Day 003 1988년 한국의 서울에서 개최되었으며, “세계는 서울로, 서울은 세계로”를 슬로건으로 한 이 대회는 무엇일까요?

1) 제10회 아시아경기대회

2) 제24회 서울올림픽대회

Day 004 괄호 안에 들어갈 알맞은 말을 고르시오.

고종은 황제즉위식을 거행하였고, 국호를 대한제국이라 선포하였다. 이후 황제국가의 품격에 맞게 국새를 거북이에서 (   ) 장식으로 바꾸었다.

1) 호랑이

2) 용

Day 005 통일신라시대 '성덕대왕신종'에 대한 설명이 맞으면 O표, 틀리면 X표 하시오.

1) 국립경주박물관에 있으며, 우리나라에 남아 있는 가장 오래된 종이다. (　　　)

2) 아기를 시주하여 넣었다는 전설로 아기의 울음소리를 본따 에밀레종이라고도 한다. (　　　)

3) 경덕왕이 아버지 성덕왕을 위해 만들기 시작해서 771년에 완성했다. (　　　)

정답

Day 001 **2) 예송**

조선 현종 때 조대비의 상례 문제를 둘러싸고 남인과 서인이 두 차례에 걸쳐 대립했는데, 첫 번째를 기해예송, 두 번째를 갑인예송이라 합니다. 이 두 사건을 '예송논쟁'이라고 합니다.

Day 002 1) O 2) O 2) X

균역법으로 원래 2필을 내던 군포가 1필로 줄었지만, 도망자 · 사망자의 군포가 면제되지 않아 이를 다른 양인이 2중 · 3중으로 부담하게 되었습니다.

Day 003 **2) 제24회 서울올림픽대회**

Day 004 **2) 용**

Day 005 1) X 2) O 3) X

우리나라의 가장 오래된 종은 '상원사 동종'입니다. 원래는 경덕왕이 아버지인 선덕왕의 공덕을 널리 알리기 위해 종을 만들려 했으나 완성하지 못하고, 그 뒤를 이어 혜공왕이 771년에 완성했습니다.

Day 001 9세기부터 14세기까지 '청자'를 생산했던 곳으로 9개 마을에 180여 개소의 가마터가 분포되어있는 이곳은 어디일까요?

1) 개경
2) 강진

Day 002 다음 중 신라와 고구려의 관계를 보여주는 유물은 무엇일까요?

1) 변형 꽃무늬 수막새

2) 호우명 그릇

Day 003 ‘가야’에서 ‘화폐’로 사용되었던 것은 무엇일까요?

1) 철

2) 청동

Day 004 다음은 '고조선'에 있었던 법률 중 하나의 조항입니다. 이 조항은 당시 고조선 사회가 계급사회였고 사유 재산을 인정하였음을 보여주는데요. 괄호 안에 들어갈 알맞은 말을 고르시오.

"(   ) 자는 남자일 경우에는 몰입(沒入)하여 그 집 노비로 만든다. 만일 용서받고자 하는 자는 한 사람 앞에 50만 전을 내게 한다."

1) 상처를 입힌

2) 도둑질을 한

Day 005 옛 부여 풍속에 따르면 가뭄이나 장마가 계속되어 오곡이 영글지 않으면 그 책임을 누구에게 물었을까요?

1) 왕

2) 부족장

Day 001 2) 강진

'강진'은 다른 지방에 비해 태토, 연료, 기후 등 여건이 적절하여 우리나라 청자 문화를 주도해 왔습니다.

Day 002 2) 호우명 그릇

경주 호우총에서 출토된 고구려의 청동 그릇으로서, 광개토대왕을 기리기 위해 제작한 그릇인 호우 10개 중 현존하는 유일한 청동 유개합(뚜껑이 있는 그릇)입니다. 신라시대 고분에서 출토된 고구려의 유물이라는 점에서 양국 간 우호관계를 보여줍니다.

Day 003 1) 철

가야에서는 철이 많이 생산되어 삼한과 낙랑군, 대방군, 그리고 바다 건너 왜까지 철을 수출했습니다.

Day 004 2) 도둑질을 한

'고조선'에 있었던 8조항으로 된 법률 가운데 현재 전해지는 것은 3개 조항뿐입니다. 위의 조항을 포함한 세 가지 법을 통해 고조선 사회는 개인의 생명을 존중하였으며, 사유재산을 인정하였고, 농경 사회였으며, 계급 사회였음을 알 수 있습니다.

Day 005 1) 왕

왕에게 책임을 물어 왕을 바꾸거나 죽여야 한다고 주장하기도 했습니다. 이를 통해 부여가 부족장의 권한이 강한 '연맹왕국'이었음을 확인할 수 있습니다.

Day 001 다음 중 '부여'와 관련된 제도가 아닌 것은 무엇일까요?

1) 골장제

2) 형사취수제

3) 일부다처제

Day 002 고대 국가 '옥저'가 '고구려'에 공납으로 바쳤던 것은 무엇일까요?

1) 소와 말

2) 소금과 생선

Day 003 다음 중 '동예'와 관련된 제도가 아닌 것은 무엇일까요?

1) 민며느리제

2) 책화 풍습

3) 족외혼

Day 004 다음 중 '신라'가 '한강'을 차지했다는 사실을 알려주는 비는 무엇일까요?

1) 창녕비
2) 북한산비

Day 005 '궁예'에 대한 설명이 맞으면 O표, 틀리면 X표 하시오.

1) 기울어져 가는 신라 말기에 견훤의 후백제와 더불어 후삼국 시대를 열였다.
( )
2) 901년에 자신을 따르는 세력을 모아 신라를 계승한다며 나라를 세웠다.
( )
3) 불교를 바탕으로 왕권을 강화하고자 했지만, 포악한 행동으로 신하들에 의해 쫓겨났다.( )

Day 001 1) **골장제**

'형사취수제'는 형이 죽은 뒤 동생이 형을 대신해 형수와 혼인하는 풍습입니다. '골장제'는 '옥저'의 장례풍속입니다.

Day 002 2) **소금과 생선**

'옥저'는 지금의 함경남도 해안지대에서 두만강 유역일대에 위치하고 있어, 기름진 바닷가 평야에서 오곡을 생산하였고, 해산물도 풍부했습니다.

Day 003 1) **민며느리제**

'동예'는 산천을 중요하게 생각해 각 부족이 소유한 산천에는 다른 부족의 출입을 막는 '책화'라는 풍습이 있었고, 같은 씨족끼리는 혼인을 하지 않는 '족외혼'이 있었습니다. "민며느리제'는 '옥저'의 결혼 풍속입니다.

Day 004 2) **북한산비**

신라 진흥왕 때의 영토 확장 기념비로서 '창녕비'를 비롯하여 '북한산비', '황초령비', '마운령비' 등을 세웠는데, 이를 '진흥왕 순수비'라 합니다. '북한산비'는 신라의 한강 하류 진출을 알 수 있는 비문이며, '창녕비'는 신라의 대가야 정복 사실을 보여줍니다.

Day 005 1) O 2) X 3) O

'궁예'는 고구려를 계승한다면서 '후고구려'를 세우고 임금이 되었습니다.

28 Week

Day 001 아버지 '견훤'을 폐위하여 금산사에 유폐하고 왕위에 오른 '후백제'의 두 번째 왕은 누구일까요?

1) 금강

2) 신검

Day 002 '나제동맹'에 대한 설명이 맞으면 O표, 틀리면 X표 하시오.

1) 신라와 백제가 고구려의 남진을 막기 위해 체결한 동맹이다. (　　　)
2) 551년에는 양국 연합군을 구성하여 고구려로부터 한강유역을 빼앗았다. (　　　)
3) 553년 백제가 신라의 한강상류 지역을 점령함으로써 동맹은 깨지게 된다. (　　　)

Day 003 689년 '신문왕' 때 폐지되었다가 757년 경덕왕 때 귀족들의 반발로 부활한 이 제도는 무엇일까요?

1) 녹읍제

2) 관료전

Day 004 괄호 안에 들어갈 알맞은 말을 고르시오.

일제강점기 헤이그특사로 파견된 독립운동가 '이위종'이 '국제협회'에서 유창한 프랑스어로 '한국을 위한 (   )'라는 강연을 하여 각국 대표와 언론인들에게 큰 감동을 주었다.

1) 호소

2) 탄원

Day 005 우리나라에 처음 '전화기'가 들어왔던 시기에 대한 설명을 읽고 맞으면 O표, 틀리면 X표 하시오.

1) 우리나라에는 1893년 11월에 전화기가 처음 들어왔다. (　　　)

2) 실제 통화는 1893년 12월 학교에서 이루어졌다. (　　　)

3) 전화기의 한자 음을 따서 덕진풍 또는 득진풍으로 적었으며 전어기라고도 불렀다. (　　　)

Day 001 **2) 신검**

'견훤'이 넷째 아들 '금강'에게 왕위를 물려주려고 하자, 첫째 아들 '신검'은 아버지 '견훤'을 금산사에 가두고 '금강'을 죽인 다음 왕위에 오릅니다. 이후 '견훤'은 탈출하여 왕건에게 귀순을 요청하고, 왕건을 돕습니다. 결국 후백제는 936년 멸망하고 맙니다.

Day 002 1) O 2) O 3) X

553년 신라 '진흥왕'이 백제의 한강하류지역을 점령하고 신주(新州)를 설치하면서 나제동맹은 깨집니다.

Day 003 **1) 녹읍제**

통일 신라 이전에 국가가 귀족들에게 지급한 토지를 녹읍이라고 합니다. 689년 '신문왕'은 왕권을 강화하기 위해 귀족들의 '녹읍'을 폐지하고 관리들에게 '관료전'을 지급했습니다.

Day 004 **1) 호소**

이 연설문은 즉석에서 한국의 입장을 동정하는 결의안을 만장의 박수로 의결시킬 정도로 참석한 각국 대표와 언론인들에게 감동을 주었습니다.

Day 005 1) X 2) X 3) O

실제 통화는 1898년 1월 궁중에서 이루어졌습니다.

Day 001 1907년 고종 퇴위와 군대 해산이 원인이 되어 일어난 의병은 무엇일까요?

1) 을사의병
2) 정미의병

Day 002 다음 중 평민 출신 항일 의병장은 누구일까요?

1) 최익현
2) 신돌석
3) 민종식

Day 003 3.1운동 직후 수립된 대한민국 임시정부의 역사적 의의를 기리기 위해 제정된 '대한민국임시정부수립기념일'은 언제일까요?

1) 4월 11일

2) 4월 13일

Day 004 괄호 안에 들어갈 알맞은 말을 고르시오.

3.1운동을 전후하여 연해주와 상하이, 서울에서 임시정부가 만들어졌으며, 세 임시정부는 얼마 뒤 하나로 통합되어 (　　　　　)를 근거지로 활동하였다.

1) 상하이

2) 블라디보스토크

3) 경성

Day 005 다음 중 〈보기〉의 사건과 관련 있는 조직은 무엇일까요?

〈보기〉

'조선 총독부 폭탄 투척' '동양 척식 주식 회사 습격 사건'
'종로 경찰서 폭탄 투척'

1) 의열단

2) 한인 애국단

Day 001 **2) 정미의병**

'을사의병'은 을사늑약 체결이 원인이 되어 일어난 의병입니다.

Day 002 **2) 신돌석**

신돌석은 대한민국 최초의 평민 의병장으로, 강원도와 경상북도의 태백산, 소백산 주변에서 활약했습니다.

Day 003 **1) 4월11일**

1989년 임시정부수립일을 처음 법정 기념일로 정할 때는, 임시정부의 수립이 선포된 4월 13일로 정했습니다. 그러나 대한민국임시정부가 실질적으로 수립된 날짜를 기준으로 해야 한다는 비판으로, 2019년부터는 '4월 11일'로 날짜를 바꾸어 기념하게 되었습니다.

Day 004 **1) 상하이**

당시 상하이는 일제의 영향력이 덜했고, 세계 각국의 공사관이 있어 외교 활동을 전개하기에 편리했습니다.

Day 005 **1) 의열단**

'의열단'은 일제의 중요한 인물을 암살하거나 일제의 통치 기관을 파괴할 목적으로 만들어진 독립운동 단체입니다. 대표적인 활동으로는 김익상의 조선총독부 폭탄 투척, 김상옥의 종로 경찰서 폭탄 투척, 나석주의 동양척식 주식회사 폭탄 투척 등이 있습니다.

30 Week

Day 001 다음은 '물산장려운동'의 기본 실행 요강 중 하나입니다. 괄호에 들어갈 말이 아닌 것을 고르시오.

"(　　　　)를 제외한 나머지 음식물은 모두 우리 것을 사 쓴다."

1) 채소
2) 과일
3) 소금
4) 음료
5) 설탕

Day 002 '6.10만세 운동'은 무슨 날을 기점으로 일어난 만세 운동일까요?

1) 고종의 장례식 날

2) 순종의 장례식 날

Day 003 '조선어 학회'에 대한 설명을 읽고, 맞으면 O표, 틀리면 X표 하시오.

1) 1929년에는 '조선어 사전'을 편찬하였다. (　　　)

2) 1933년에는 한글 맞춤법 통일안을 발표했다. (　　　)

3) 8 · 15 광복 후에는 '한글 학회'로 이름을 바꾸었다. (　　　)

Day 004 8 · 15 광복 후에 조선어 학회에서 편찬하여 군정청 학무국에서 발행한 한글입문교본은 무엇일까요?

1) 한글

2) 한글 첫 걸음

Day 005 1938년 일제가 반포한 '3차 조선 교육령'에 대한 설명을 읽고, 괄호에 들어갈 알맞은 말을 고르시오.

일제는 모든 학교 명칭을 일본식으로 바꾸었고, (   )를 선택과목으로 격하하였으며, 황국신민서사를 암송하게 하고 내선일체를 강조했다.

1) 조선어

2) 지리

3) 외국어

정답

Day 001 1) 채소

'물산장려운동'은 1920년대에 일제의 경제적 수탈정책에 항거했던 범국민적 민족경제 자립실천운동입니다.

Day 002 2) 순종의 장례식 날

1926년 6월 10일 대한제국의 마지막 황제인 순종의 장례 행렬이 지나는 곳마다 학생과 시민들이 합세하여 만세를 불렀으며, 국내에서 민족 운동과 학생 운동이 활발해지는 계기가 되었습니다.

Day 003 1) X 2) O 3) O

일제의 탄압으로 조선어 사전 편찬을 완성하지는 못했습니다. 해방 후 '한글 학회'로 이름을 바꾼 뒤에 조선어 사전이 완성되었습니다.

Day 004 2) 한글 첫 걸음

1932년 5월 1일에 창간된 '한글'은 조선어학회 기관지인 학술잡지입니다.

Day 005 1) 조선어

일제는 학교에서의 조선어 사용을 금지했고, 1년 후 조선어 과목을 아예 폐지해버립니다.

Day 001 다음 중 〈보기〉와 관련 있는 사건을 고르시오.

〈보기〉

'데라우치 총독 암살미수사건을 조작'

'민족운동 탄압' '신민회 해체'

1) 105인 사건

2) 조선어학회사건

Day 002 일제강점기에 동아일보사가 주축이 되어 일으킨 농촌계몽운동은 무엇일까요?

1) 물산 장려 운동

2) 브나로드 운동

Day 003 다음 중 〈보기〉와 관련 있는 사건을 고르시오.

〈보기〉

'유언비어' '대량학살' '대지진'

1) 관동대학살

2) 세암리 학살사건

Day 004 ‘한국광복군’에 대한 설명을 읽고, 맞으면 O표, 틀리면 X표 하시오.

1) 총사령관에는 ‘지청천’을 참모장에는 ‘이범석’을 임명했다. (　　　)
2) 1944년에는 중국군의 지휘에서 벗어나 독자적인 지휘권을 갖게 되었다. (　　　)
3) 8 · 15광복 후, 대한민국의 국군으로 온전히 이어졌다. (　　　)

Day 005 다음 중 ‘법정 공휴일’이 아닌 것은 무엇일까요?

1) 현충일
2) 제헌절
3) 한글날

정답

Day 001 **1) 105인 사건**

1911년 일본총독부는 데라우치 총독의 암살미수사건을 조작하여 105인의 독립운동가를 감옥에 가둡니다. 이 사건으로 애국계몽운동가의 비밀결사였던 신민회가 해체되었으며, 국내의 독립운동 세력은 크게 약화되었습니다.

Day 002 **2) 브나로드 운동**

브나로드 운동은 동아일보사가 1931년부터 1934년까지 4회에 걸쳐 전개한 문맹퇴치운동입니다.

Day 003 **1) 관동대학살**

'제암리 학살사건'은 3 · 1운동 당시 일제가 경기도 수원군 향남면 제암리에서 주민들을 집난살해한 사건입니다.

Day 004 **1) O 2) O 3) X**

8.15 광복 후 한국광복군은 미군정의 무장해제 요구에 개인자격으로 귀국할 수밖에 없었습니다. 한국광복군은 1946년 6월 해체되었습니다.

Day 005 **2) 제헌절**

정부는 2008년부터 '제헌절'을 공휴일에서 제외했습니다. '한글날'은 1991년 공휴일에서 제외되었다가, 2012년 12월 법 개정으로 22년 만인 2013년부터 공휴일로 재지정되었습니다.

Day 001 1948년 제헌 국회에 설치되었던 특별 기구인 '반민 특위'에 대한 설명이 맞으면 O표, 틀리면 X표 하시오.

1) 친일파를 처벌하기 위해 대한민국 정부 수립 직후 만든 특별 기구이다. (　　)
2) 반민 특위 활동은 정부의 도움으로 순탄하였으며, 많은 친일파들이 처벌받았다. (　　)
3) 재판을 받은 반민족 행위자들 중에는 민족 운동가에서 친일파로 변절한 사람들도 있었다. (　　)

Day 002 다음 중 민족 운동가에서 친일파로 변절한 사람은 누구일까요?

1) 노덕술

2) 최린

Day 003 이승만 대통령은 영구 집권을 위해 초대 대통령에 대하여 중임 제한을 두지 않는다는 내용의 헌법 개정안을 불법 통과시킵니다. 이 개헌을 무엇이라고 할까요?

1) 발췌개헌

2) 사사오입 개헌

Day 004 '4 · 19 혁명'에 대한 설명이 맞으면 O표, 틀리면 X표 하시오.

1) 학생과 시민들이 이승만과 자유당 독재 정권을 무너뜨린 사건이다. (　　　)

2) 최루탄에 맞아 숨진 김주열 학생의 시체가 발견된 일이 온 국민들의 분노를 샀다. (　　　)

3) 부통령 이기붕을 물러나게 하는 것으로 사태는 일단락 되었다. (　　　)

Day 005 다음 중 '열사'는 누구일까요?

1) 안중근

2) 유관순

3) 윤봉길

Day 001 1) O 2) X 3) O

정부의 비협조와 탄압으로 기대한 만큼의 성과를 거두지 못하다가 반민 특위는 1년도 못 되어 해산하고 맙니다.

Day 002 **2) 최린**

'노덕술'은 처음부터 친일행각으로 고등형사가 되어 독립운동가들을 잔혹하게 탄압한 인물입니다. '최린'은 3 · 1운동을 준비한 민족 대표 33인 중 한 사람이었으나 이후 변절합니다.

Day 003 **2) 사사오입 개헌**

헌법 개정은 출석 국회의원 2/3 찬성을 얻어야 가능한데, 1표가 부족하여 부결된 것을 사사오입(반올림)의 수학적 논리로 통과시켜 사사오입 개헌이라 부릅니다. 이 법에 의해 1956년 이승만은 3선 대통령에 당선되었습니다.

Day 004 1) O 2) O 3) X

이승만 정부는 부통령에 당선된 이기붕을 물러나게 해 사태를 수습하려고 했지만 국민들은 계속 대통령인 이승만이 물러날 것을 요구했습니다. 결국 4월 26일 이승만 대통령은 하야 성명을 발표하고 미국으로 망명합니다.

Day 005 **2) 유관순**

국가 보훈처에 의하면, '열사'는 맨몸으로써 저항하여 자신의 지조를 나타내는 사람이며, '의사'는 무력으로써 항거하여 의롭게 죽은 사람을 가리킵니다.

Day 001 '제2공화국'에 대한 설명이 맞으면 O표, 틀리면 X 표 하시오.

1) 1960년 8월 대통령 윤보선, 국무총리 장면이 선출되었다. (　　　)

2) 내각책임제를 실시 하여 정치적 실권은 모두 대통령이 가지고 있었다. (　　　)

3) 민주당은 국무총리 장면 중심의 신파, 대통령 중심의 구파 사이가 대립했다. (　　　)

Day 002 '5 · 16 군사정변'을 주도한 인물은 누구일까요?

1) 박정희

2) 전두환

Day 003 '국가재건최고회의'에 대한 설명이 맞으면 O표, 틀리면 X표 하시오.

1) 5 · 16군사정변 주도 세력이 비상조치로 설치한 국가최고통치기관이었다. (   )

2) 국회와 정부의 기능을 대신하는 국가최고통치기관이었다. (   )

3) 제3공화국 정부가 수립되고 나서도 존속했다. (   )

Day 004 '제1차 경제 개발 5개년 계획'의 주요 산업을 무엇이었을까요?

1) 중화학 공업

2) 경공업

Day 005 실업문제 해소와 외화획득을 위해 1963년 한국정부가 광부를 파견한 곳은 어디일까요?

1) 미국

2) 독일

Day 001 1) O 2) X 3) O

대통령은 의례적인 국가 원수로 하고, 정치적 실권은 국무총리에게 집중시키는 제도를 '내각책임제'라고 합니다.

Day 002 **1) 박정희**

5 · 16 군사정변은 1961년 5월 16일 박정희의 주도로 육군사관학교 8기생 출신 군인들이 정권을 장악한 사건입니다.

Day 003 1) O 2) O 3) X

1963년 12월 제3공화국 정부가 수립되면서 해체됐다.

Day 004 **2) 경공업**

1962년에 시작된 '제1차 경제 개발 5개년 계획'은 낮은 임금을 바탕으로 경공업을 육성하는 데 주안점을 두었으며, '제3차 경제 개발 5개년 계획' 때는 중화학 공업 육성을 강조했습니다.

Day 005 **2) 독일**

1963년 한국노동청과 독일탄광협회가 광부 파견 협정을 맺습니다. 3년 계약으로 파견되었고, 높은 수입이 보장되었습니다.

Day 001 '베트남 전쟁'에 대한 설명이 맞으면 O표, 틀리면 X표 하시오.

1) 우리나라가 최초로 해외에 국군을 파병한 전쟁이다. (   )

2) 당시 한국은 가장 많은 병력을 파병한 국가였다. (   )

3) 미국 측과 파병에 대한 보상 조치로 '브라운 각서'를 맺었다. (   )

Day 002 1964년 대학생과 시민들이 한 · 일 회담 반대를 목적으로 시위한 사건은 무엇일까요?

1) 6 · 3항쟁

2) 6월민주항쟁

Day 003 다음 두 사건은 무엇에 반대하는 운동일까요?

'개헌 청원 100만인 서명운동' 'Ｂ부마항쟁'

1) 유신(체제)

2) 한일수교

Day 004 설명을 읽고, 괄호에 들어갈 인물을 골라 O표 하시오.

1979년 5월 3일 '민주회복'을 목표로 한 (김대중, 김영삼)이 신민당 총재로 당선되자 박정희는 (김대중, 김영삼) 의원직 제명 안을 국회에서 통과시키고 의원직을 박탈한다.

Day 005 '10 · 26사태'에 대한 설명이 맞으면 O표, 틀리면 X표 하시오.

1) 1979년 10월 26일에 중앙정보부장이었던 김재규가 대통령인 박정희를 살해한 사건이다.(　　)

2) 민주화 운동을 대처하는 데 있어, 내부 의견의 갈등이 생기면서 일어난 사건이다.(　　)

3) '10 · 26사태'로 박정희 정부의 유신체제는 끝이 나고 민주주의가 회복된다.(　　)

정답

Day 001 1) O 2) X 3) O

당시 한국은 미국 다음으로 가장 많은 병력을 파병한 국가였습니다.

Day 002 1) 6 · 3항쟁

박정희 대통령은 경제 발전을 추진하기 위한 재원을 마련하기 위해 일본과 국교 정상화를 위한 회담을 진행하려 했습니다. 이에 1964년 6월 3일 대학생들을 중심으로 한일 회담 반대투쟁이 일어났고, 정부는 군대를 투입하고 계엄령을 선포하여 진압합니다. 결국 1965년 한 · 일 국교 정상화가 이루어지고 맙니다.

Day 003 1) 유신(체제)

대통령의 권한을 극대화해 사실상 독재정치를 가능케 하는 '유신 헌법'에 반대하는 민주화 운동이 전개됩니다. 1973년에는 장준하 등이 중심이 되어 '개헌 청원 100만인 서명운동'을 벌였고, 1979년에는 수많은 시민과 학생들이 '유신 철폐, 야당 탄압 중지' 등을 주장하는 시위인 부마항쟁이 일어났습니다.

Day 004 김영삼

이 사건으로 유신체제에 대한 야당과 국민의 불만이 극에 달하였고, 1979년 10월 부산과 마산에서 박정희의 유신체제에 반대하는 민주화운동(부마항쟁)이 일어납니다.

Day 005 1) O 2) O 3) X

이후 전두환을 중심으로 한 신군부가 '12 · 12정변'을 일으켜 권력을 장악합니다.

From 35Week

to

52Week

Day 001　다음은 어떤 사건의 설명일까요?

전두환 · 노태우 등 '하나회' 중심의 신군부세력이 일으킨 군사반란이다.
당시 대통령이었던 최규하는 신군부세력의 협박으로
하루 만에 이 사건을 승인했다.

1) 5 · 17사건
2) 12 · 12사태

Day 002 '12 · 12사태'를 '쿠데타적 사건'이라고 규정한 때는 언제일까요?

1) 김영삼 정부

2) 김대중 정부

Day 003 경제개발계획 추진 이후 처음으로 경상 수지 흑자를 기록하고, 수출 100억 달러를 돌파한 해는 언제일까요?

1) 1961년

2) 1977년

Day 004 우리나라 최초의 외국인 전용공단은 무엇일까요?

1) 마산자유무역지역

2) 익산자유무역지역

Day 005 다음 중 '노태우 정부'와 관련 없는 것을 고르시오.

1) 88서울 올림픽

2) 유엔 가입

3) 간접선거

Day 001 **2) 12 · 12사태**

이 사건으로 군 내부의 주도권을 장악한 신군부세력은 1980년 5 · 17사건을 일으켜 정권을 장악합니다.

Day 002 **1) 김영삼 정부**

김영삼 정부 때에 묻혀 있던 12 · 12사태의 사실규명이 시작됩니다. 이때 12 · 12 사태는 '하극상에 의한 군사쿠데타'로 규정되고 전두환과 노태우가 구속되었습니다.

Day 003 **2) 1977년**

경제개발계획은 1962년부터 1981년까지 5년 단위로 모두 4차례에 걸쳐 추진되었습니다.

Day 004 **1) 마산자유무역지역**

외국의 선진기술 및 자본의 도입과 수출, 고용창출 등 국가 및 지역경제 발전을 선도하기 위하여 1970년에 설치된 국가산업단지입니다. '익산자유무역지역'은 '마산자유무역지역'에 이어 우리나라에서 두 번째로 설치된 자유무역지역이었습니다.

Day 005 **3) 간접선거**

1987년 6월 항쟁으로 5년 단임의 대통령 직선제로 헌법이 개정되었습니다. 1988년 국민의 직접선거로 노태우가 대통령에 당선되었습니다.

Day 001 '7.7'선언에 대한 설명이 맞으면 O표, 틀리면 X표 하시오.

1) 1988년 7월 7일 노태우 대통령이 발표했다. (   )

2) 남북 간의 대화와 북방 정책 추진에 출발이 되었다. (   )

3) 학생들 사이에 통일에 대한 논의가 활발해졌고 정부는 이를 장려했다. (   )

Day 002 다음 중 '한국판 드레퓌스 사건'으로 일컬어지는 사건은 무엇일까요?

드레퓌스 사건은 1894년 프랑스 군부가 가짜 필적을 증거로 유대인이었던 알프레드 드레퓌스 대위를 간첩으로 몰아 종신형을 선고했던 사건이다. 드레퓌스는 1899년 대통령 특사로 석방되었고, 1906년에는 최고 법원의 판결로 무죄가 확정되었다.

1) 강경대 군 사망사건

2) 강기훈 유서대필 조작 사건

Day 003 다음이 설명하는 사건은 무엇일까요?

1) 1997년에 외환 부족으로 인해 IMF로부터 자금 지원을 받았다.

2) 정규직 대신 비정규직 노동자가 크게 늘어나 고용이 불안정해졌다.

Day 004 헌정 사상 첫 여야정권교체를 실현한 정부는 어디일까요?

1) 김대중 정부

2) 노무현 정부

Day 005 〈보기〉와 관련 있는 인물은 누구일까요?

〈보기〉

'아시아에서 가장 영향력 있는 지도자 50인'

'노벨평화상'

1) 김영삼

2) 김대중

정답

Day 001 1) O 2) O 3) X

노태우는 '7.7'선언으로 통일외교정책의 기본방향을 제시했습니다. 북한을 적대적인 경쟁 상대로 인식하지 않고, 적극적인 대북협력의지를 표명하고, 각종 대북제의에 전제조건을 달지 않았다는 점에서 획기적인 조치로 평가됩니다. 하지만 재야 및 학생들의 통일논의를 억압해 비판을 사기도 했습니다.

Day 002 2) 강기훈 유서대필 조작 사건

1991년 강경대 씨가 시위 도중 경찰의 쇠파이프에 맞아 숨진 사건이 일어납니다. 검찰은 당시 전민련 총무부장이던 강기훈 씨가 강경대 씨의 사망에 항의하며 분신자살한 김기설 씨의 유서를 대필하고 자살을 방조한 죄로 실형을 선고합니다. 그러나 2015년 5월 재심 끝에 대법원에 무죄 선고를 받았습니다.

Day 003 IMF경제위기

Day 004 1)김대중 정부

헌정사상 첫 여야정권교체를 실현한 새정치국민회의와 자유민주연합의 공동정부입니다.

Day 005 2)김대중

'김대중'대통령은 1999년 5월 '아시아에서 가장 영향력 있는 지도자 50인' 중 공동 1위에 선정되었습니다. 동아시아와 한국에서 민주주의와 인권향상 그리고 50여 년간 북한과의 평화를 위해 노력한 공로로 2000년 '노벨평화상'을 받았습니다.

37 Week

Day 001 한국이 사상 처음 16강 본선 진출은 물론 4강까지 진출하는 역대 최고의 성적을 기록하면서 큰 화제를 일으켰던 월드컵 대회는?

1) 2002 한일 월드컵

2) 2006 독일 월드컵

Day 002 〈보기〉의 사건을 순서대로 나열하시오.

〈보기〉

'인천국제공항개항' 'Ⅸ아리랑위성1호발사' 'KTX운행시작'

Day 003 〈보기〉의 내용과 관련 있는 정부를 고르시오.

〈보기〉

정의롭고 효율적인 사회를 위한 합리적인 개혁 정부

국가적 갈등 구조를 해결하는 국민통합 정부

국민과 수평적 · 쌍방향적으로 소통하는 열린 정부

모든 국민에게 꿈과 용기를 주는 희망의 정부

1) 노무현 정부

2) 문재인 정부

Day 004 '노무현 대통령에 탄핵 사건'에 대한 설명이 맞으면 O표, 틀리면 X표 하시오.

1) 야당 국회의원 193명의 찬성으로 대통령 노무현 탄핵소추안이 가결되었다. (   )

2) 야당에 대한 전국민적인 질타가 쏟아졌고, 탄핵에 반대하는 촛불시위가 잇따랐다. (   )

3) 헌법재판소가 탄핵소추안을 통과시켰다. (   )

Day 005 해외파병 국군부대 가운데 '다산부대'의 '다산'의 명칭은 누구에게서 따온 것일까요?

1) 허준

2) 정약용

3) 이제마

Day 001 1)2002 한일 월드컵

Day 002 '아리랑위성1호발사' – '인천국제공항개항' – 'KTX운행시작'
아리랑위성은 우리나라가 세계 인공위성 시장에 진출하는 발판을 마련하고자 개발된 인공위성으로 1999년 '아리랑위성 1호'가 발사되었습니다. '인천국제공항'은 2001년에 개항했으며, 초고속열차로'KTX'는 2004년 4월 1일부터 영업운행이 시작되었습니다.

Day 003 1) 노무현 정부
노무현 정부는 국민들의 자발적인 모금과 선거운동이 대통령선거를 승리로 이끄는 데 중요한 역할을 하였을 뿐 아니라, 향후의 국정운영에서도 국민의 참여가 핵심 역할을 할 것이라는 뜻에서 '참여정부'라고도 부른다.

Day 004 1) O 2) O 3) X
헌법재판소는 5월 14일 탄핵소추안 기각 결정을 내렸고, 탄핵사태는 종결되었습니다.

Day 005 2) 정약용
'다산부대'는 아프가니스탄전쟁에 파병된 제100 건설공병대입니다. '다산'은 조선후기 실학자 정약용의 호입니다.

Day 001 학생들의 반정부시위를 공산주의적 인민혁명 시도로 왜곡한 학생운동 탄압사건으로서, 사상 처음으로 변론 중인 변호사가 법정구속되기도 한 이 사건은 무엇일까요?

1) 민청학연 조작 사건

2) 2차 인혁당 조작 사건

Day 002 어머니의 가르침으로 명필가가 되었다는 설화가 있으며, 해서, 행서, 초서 등 각 서체에 모두 능했던 조선 중기의 서예가는 누구일까요?

1) 양사언

2) 한호

Day 003 황석영이 백기완의 시를 고쳐 노랫말로 삼은 “사랑도 명예도 이름도 남김없이…”로 시작되는 ‘임을 위한 행진곡’은 무엇을 추모하는 노래일까요?

1) 4 · 19혁명

2) 5 · 18민주화운동

Day 004 다음 중 6월항쟁의 중요한 계기가 된 사건은 무엇일까요?

1) YH 사건

2) 박종철고문치사사건

Day 005 '의문사진상규명에 관한 특별법'에 의해 보상받으려면 다음 두 가지 요건을 모두 충족해야 합니다. 괄호에 들어갈 알맞은 말을 고르시오.

1) (항일, 민주화)운동과 관련이 있다고 인정

2) (공권력, 군인)이 직 · 간접적인 개입되었다고 인정

Day 001 1) 민청학연 조작 사건

1974년 4월, '전국민주청년학생총연맹(약칭 민청학련)'이 공산주의적 인민혁명을 시도한다고 하여 학생과 사회인사들을 처벌했던 사건이 민청학연 조작 사건입니다. 이 사건의 변호사 강신옥은 "피고인석에서 그들과 같이 재판을 받고 싶은 심정"이라는 요지로 변론을 하다가 법정구속되기도 하였다. 이 사건에 대하여 진실 규명을 촉구하는 목소리가 끊임없이 이어졌고, 이에 재조사가 이루어져 2009년 9월 사법부는 이 사건 관련자들에 대하여 무죄를 선고했습니다.

Day 002 2) 한호

한호는 한석봉으로 더 잘 알려져 있습니다. 여러 서체에 모두 뛰어났던 한호는 명나라에 가는 사신을 수행하거나 외국 사신을 맞을 때 연석에 나가 정묘한 필치로 명성을 떨쳤습니다. 조선 전기의 문인 · 서예가인 '양사언'은 특히 초서와 큰 글자에 능했다고 전해집니다.

Day 003 2) 5 · 18민주화운동

'임을 위한 행진곡'은 도청을 지키다가 진압군에게 사살당한 청년 윤상원을 기리는 노래입니다.

Day 004 2) 박종철고문치사사건

'YH 사건'은 1979년 8월 9일~11일 회사 폐업조치에 항의하며 신민당 당사에서 농성 시위를 벌이던 YH무역 여성노동자들 중 1인이 경찰의 강제 진압에 의해 사망한 사건입니다.

Day 005 민주화, 공권력

'의문사진상규명위원회'는 민주화운동과 관련하여 공권력에 희생된 의문사의 진실을 밝히기 위한 대통령 직속 기구입니다.

Day 001 다음 중 민주화 운동에 헌신한 열사는 누구일까요?

1) 이동휘

2) 이한열

3) 이한응

Day 002 휴전협정 이래 민간을 상대로 한 북한의 대규모 군사 공격으로는 첫 사례인 이것은 무엇일까요?

1) 연평해전

2) 연평도 포격 사건

Day 003 '판문점공동경비구역(JSA)'에 위치한 것 중 현재 쓰이지 않는 것은 무엇일까요?

1) 평화의 집

2) 판문각

3) 돌아오지 않는 다리

Day 004 2019년 8월 22일 대한민국 정부가 일본 경제 보복에 대한 대응으로 종료를 선언한 협정은 무엇일까요?

1) 지소미아(GSOMIA)

2) 한일협정

Day 005 다음 중 1941년 11월 상해 대한민국임시정부가 건국의 이념으로 공포한 것은 무엇일까요?

1) 삼균주의

2) 삼민주의

Day 001 **2) 이한열**

'이한열'은 학생운동가로 1987년 6월 9일 전두환 정권의 독재 타도와 5 · 18 진상 규명 등을 외치는 시위에 참여했다가 경찰이 쏜 최루탄을 맞고 사망했습니다. '이동휘'는 러시아 한인 독립운동의 지도자이며, '이한응'은 영국에서 구국외교를 펼치다 순절을 선택한 외교관입니다.

Day 002 **2) 연평도 포격 사건**

2010년 11월 23일 북한이 서해 연평도에 포격을 가해 민간인 2명 등이 사망한 사건이 '연평도 포격 사건'입니다. '연평해전'은 6.25전쟁 이후 첫 남북 해군간에 벌어진 해전입니다.

Day 003 **3) 돌아오지 않는 다리**

1953년 정전협정 이후 남북한 포로들이 교환되었던 다리를 '돌아오지 않는 다리'라 불렀습니다. '도끼만행사건' 이후 폐쇄됐고, 북측은 '72시간 다리'를 새로 건설했습니다.

Day 004 **1) 지소미아(GSOMIA)**

'한일군사정보보호협정(GSOMIA)'은 박근혜 정부 때인 2016년 11월 23일 한국과 일본이 군사정보 직접 공유를 위해 체결한 협정입니다. 협정은 군사정보의 전달 · 보관 · 파기 · 복제 · 공개 등에 관한 절차를 규정하는 21개 조항으로 구성되었습니다. 이후 2019년 8월 22일 일본 경제 보복에 대한 대응으로 지소미아 종료를 선언했습니다.

Day 005 **1) 삼균주의**

상해 대한민국임시정부의 '조소앙'이 독립운동의 기본방략 및 미래 조국건설의 지침으로 삼기 위해 체계화한 민족주의적 정치사상으로서, 주요 내용으로 민주공화제와 균등 사회 건설을 담고 있습니다.

40 Week

Day 001 다음 중 '신간회'와 관련 있는 개념은 무엇일까요?

1) 문맹 퇴치 운동

2) 학생 항일 운동

3) 민족 유일당 운동

Day 002 〈보기〉를 읽고, 괄호 안에 들어갈 알맞은 말을 고르시오.

〈보기〉

( )협정은 1925년 만주의 한국 독립군 근절을 위해
총독부 경무국장 미쓰야와 만주의 경무국장 간에 체결한 협정이다.

Day 003 일제가 3 · 1운동 이후 실시한 식민지 통치 정책은 무엇일까요?

1) 무단통치
2) 문화정치

Day 004 개화기 때 선진 문물을 배우기 위해 청나라에 파견했던 시찰단은 무엇일까요?

1) 수신사
2) 영선사

Day 005 '저울처럼 평등한 사회를 만들자'며 '형평 운동'을 벌인 이들은 누구일까요?

1) 소작농
2) 백정

Day 001 3) 민족 유일당 운동

1920년대 초 사회주의 사상이 유입되면서 독립운동은 민족주의와 사회주의로 분열되었습니다. 이에 민족이 단결하여 항일 운동을 전개하자는 취지로 민족 유일당 운동이 전개되었고, 1927년 민족주의 진영과 사회주의자 진영이 연합하여 '신간회'를 조직합니다.

Day 002 미쓰야 협정

Day 003 2)문화정치

3 · 1운동 이후 일본은 무단통치 대신 새로 내세운 식민지 통치 방식으로 문화정치를 내세웁니다. 헌병 경찰제를 보통 경찰제로 바꾸고, 한국어 신문의 발행과 몇 개 민족단체의 설립을 허가하는 등 겉으로는 탄압을 완화하는 것처럼 보였지만 실상은 가혹한 통치를 은폐하면서 친일 분자를 키워 한민족을 이간질했습니다.

Day 004 2)영선사

강화도 조약으로 나라의 문을 연 조선은 일본과 청나라에 시찰단을 파견했습니다. 이 시기 청나라에 파견된 시찰단이 '영선사'입니다. 영선사는 청나라에서 무기 제조 기술을 배우고 미국과의 수교 문제를 의논한 뒤 돌아왔습니다.

Day 005 2)백정

'형평'은 백정이 사용하는 저울을 의미합니다. 제도적인 신분 차별은 폐지되었지만, 현실적으로는 천인 신분에 대한 편견과 차별이 남아 있었습니다. 이에 강상호, 장지필 등은 '조선 형평사'를 조직해 백정에 대한 차별 폐지를 위해 노력했습니다.

41 Week

Day 001 1952년 1월 5일자로 피난 수도 부산서 창간되어 2000년 9월호로써 통권 500호를 기록한 우리나라의 대표적인 어린이잡지는 무엇일까요?

1) 새벗

2) 어린이

Day 002 우리 역사상 최초로 화약을 발명한 '최무선'에 대한 설명이 맞으면 O표, 틀리면 X표 하시오.

1) 1375년, 최무선은 20년의 연구 끝에 자신만의 초석제조법을 개발하였다. (　　)

2) 최무선은 화포를 싣는 군선도 제작했다. (　　)

3) 최무선에 의해 제작된 화포가 위력을 발휘한 것은 20년이 지나서였다. (　　)

Day 003 매년 5월 19일 '발명의 날'은 무슨 날을 기념하여 제정되었을까요?

1) 측우기를 발명한 날

2) 측우기를 공식적으로 사용하기 시작한 날

Day 004 다음 중 조선이 서양과 맺은 최초의 조약은 무엇일까요?

1) 조독수호통상조약

2) 조미수호통상조약

Day 005 ‘한성조약’은 무슨 사건의 뒤처리를 위해 일본과 맺은 조약일까요?

1) 임오군란

2) 갑신정변

정답

Day 001 1) 새벗

'어린이'는 '방정환'이 발행한 어린이 잡지로 1923년 3월에 창간되었습니다.

Day 002 1) O 2) O 3) X

최무선의 화포와 군선은 제작된 지 겨우 3년 뒤인 1380년 왜구의 침입에 빛을 발합니다. 화포로 무장한 군선 단 40여 척만으로 왜구의 군선 전부를 궤멸시켰던 것입니다.

Day 003 2) 측우기를 공식적으로 사용하기 시작한 날

'발명의 날'은 1442년 5월 19일 세종대왕이 측우기를 공식적으로 사용하기 시작한 날을 기념하여 제정되었습니다.

Day 004 2) 조미수호통상조약

1882년 체결된 '조미수호통상조약'은 치외법권과 최혜국 대우의 규정이 포함된 불평등 조약이었습니다.

Day 005 2) 갑신정변

청군의 개입으로 갑신정변이 실패하고 주도자들이 일본으로 망명하자, 흥분한 민중이 일본공사관을 불태우고 일본 거류민들을 죽이는 사건이 벌어집니다. 그러자 일본은 조선정부의 사죄와 공사관 소각에 대한 배상금 지불 등을 요구하며 무력위협을 가했습니다. 이로 인해 일본이 조선을 침략하는 기초가 되는 한성조약을 체결하게 됩니다.

Day 001 독일상인 '오페르트'는 통상을 요구하다 거절당하자 그에 대한 보복으로 누구의 묘를 파헤치고 도굴하려고 하였나요?

1) 남연군

2) 흥선 대원군

Day 002 '과부재가금지법'이 시행된 때는 언제일까요?

1) 고려시대

2) 조선시대

Day 003 조선 효종 때 어느 나라의 요청으로 두 차례 군사를 파견해 러시아와의 전쟁에 참전했을까요?

1) 청나라
2) 일본

Day 004 '경국대전'의 속전인 '속대전'의 편찬에서 특히 주안을 두고 신중과 관용을 베푼 부분은 무엇일까요?

1) 공전(工典)
2) 형전(刑典)

Day 005 〈보기〉의 글은 귀국 후에도 지병으로 많은 고생을 한 '덕혜옹주'가 정신이 맑을 때 썼다는 낙서 한 장이다. 괄호 안에 들어갈 알맞은 말은 무엇일까요?

〈보기〉

"나는 ( )에서 오래오래 살고 싶어요
전하 비전하 보고 싶습니다 대한민국 우리나라"

1) 낙선재

2) 대조전

정답

Day 001 1) 남연군

남연군은 대원군의 아버지로, 이 사건을 계기로 흥선 대원군의 쇄국정책은 더욱 강화되었습니다.

Day 002 2) 조선시대

성리학을 중시했던 조선시대 1477년(성종 8) 7월부터 실시되었습니다. 갑오개혁 이후 과부의 재혼이 공식적으로 허용되었습니다.

Day 003 1) 청나라

조선이 청나라를 도와 러시아와 싸운 사건을 '나선 정벌'이라 합니다. 청나라의 요청으로 이루어진 나선 정벌에는 북벌 정책을 추진하던 효종의 숨은 의도가 있었는데요. 조선의 군사력을 시험하는 동시에 청의 군사력을 파악하려 했던 것입니다.

Day 004 2) 형전

조선 전기부터 형법은 '대명률'을 따른 탓으로 조선의 실정과 맞지않는 것이 많았습니다. 1746년 편찬된 '속대전'에서 실정에 맞는 새로운 형률을 증설하고 형량도 가볍게합니다.

Day 005 1) 낙선재

창덕궁과 창경궁의 경계에 위치한 '낙선재'는 국권을 빼앗긴 조선 황실의 마지막을 보여주는 공간이며, 황실 여인들이 최후를 마친 곳으로도 유명합니다.

Day 001 519년 동안 지속된 한 왕조의 왕과 왕비의 무덤이 완벽하게 보존된 유적지는 무엇일까요?

1) 무령왕릉

2) 조선왕릉

Day 002 조선 시대 왕실의 비서실에서 나랏일을 기록한 책으로서, 훗날 '조선왕조실록'을 비롯한 여러 역사책을 만드는 기초 자료로 사용되기도 했던 이것은 무엇일까요?

1) 승정원일기

2) 비변사등록

Day 003 다음 중 '임진왜란' 때 일종의 군사 전략으로 활용되었다고 하는 민속놀이는 무엇일까요?

1) 쥐불놀이

2) 강강술래

Day 004 당나귀 타고 전국을 순회한 한국 최초의 여의사는 누구일까요?

1) 박에스더

2) 이태영

Day 005 인물과 관련된 것이 바르지 않은 것을 고르시오.

1) 무용가 – 최승희

2) 비행사 – 엄복동

3) 여류 성악가 - 윤심덕

Day 001 2) 조선왕릉

'조선왕릉'은 519년 동안 지속된 조선시대 역대 왕들의 무덤으로, 2009년 6월 27일 유네스코 세계유산으로 지정되었습니다.

Day 002 1) 승정원일기

'승정원일기'는 조선시대 왕실의 비서실이었던 승정원에서 작성한 기록입니다. 인조(1623년)부터 순종(1910년)까지 288년 동안 하루도 빠짐없이 왕실에서 벌어진 일을 일기 형식으로 기록했습니다.

Day 003 2) 강강술래

이순신 장군은 왜군들에게 우리 병사들이 많다는 것을 보여주기 위해, 강강술래를 떠올려 전쟁에 참여하지 않은 여인들에게 남자 옷을 입혀 옥매산을 돌게 했습니다.

Day 004 1) 박에스더

'박에스더'는 의대 졸업, 귀국 후 보구여관(동대문 부인병원의 전신)에서 진료한 한국 최초의 여의사입니다. '이태영'은 한국 최초의 여성 변호사입니다.

Day 005 2) 비행사 - 엄복동

'엄복동'은 일제 지배기 실력 있는 자전거 선수로, 1913년과 1922년에 '전조선자전차경기대회'에서 일본 선수들을 물리치고 우승하여 국민적 영웅으로 추앙받았습니다. '안창남'은 우리나라 최초의 비행사입니다.

Day **001** 현존하는 한국 최고(最古)의 호텔은 무엇일까요?

1) 조선호텔

2) 반도호텔

Day 002 '조선통신사'에 대한 설명이 맞으면 O표, 틀리면 X표 하시오.

1) 선진문물을 일본에 전달하는 창구 역할을 했다. (　　　)

2) 통신사 행렬이 한양과 에도를 왕복하는 데 약 3개월이 걸렸다. (　　　)

3) 통신사 사절은 정식 외교사절과 유학자로만 구성되어 있었다. (　　　)

Day 003 왕위 계승이 무열왕계에서 내물왕계로 바뀐 신라 하대의 첫 번째 왕은 누구일까요?

1) 선덕왕

2) 원성왕

Day 004 괄호 안의 내용 중 알맞은 말을 골라 O표 하시오.

신라 '선덕왕'이 죽자 무열왕계 출신인 '김주원'이 왕위 계승자로 결정되었다. 그런데 왕위 즉위식 날, (홍수, 산사태) 때문에 '김주원'은 궁궐에 도착하지 못하였고, 그 사이 '김경신'이 먼저 궁궐에 들어가 왕이 되었다.

Day 005 조선 후기에 군역 문제가 어지러워지자 흥선 대원군이 실시한 세금 제도는 무엇일까요?

1) 방군수포제

2) 호포제

Day 001 1) 조선호텔

'조선호텔(현재웨스틴조선호텔)'은 1914년 서울 소공동에 건립되었으며, 현존하는 한국 최고(最古)의 호텔입니다.

Day 002 1) O 2) X 3) X

통신사 행렬은 왕복 약 6개월에서 1년이 걸렸습니다. 통신사 사절에는 정식 외교사절 외에 유학자와 내노라하는 조선 최고의 문인과 예능인들도 포함되어 있었습니다.

Day 003 1) 선덕왕

혜공왕 16년(780)에는 '김지정'의 난을 진압하는 과정에서 왕과 왕비가 살해되자 실권을 쥐고 있던 상대등 '김양상'이 왕위에 올랐습니다. 그가 신라의 제37대 왕인 '선덕왕'입니다.

Day 004 홍수

후에 '김주원'의 아들 김헌창이 '김헌창의 난'을 일으킵니다.

Day 005 2) 호포제

양반은 군포가 면제되었기 때문에 시간이 갈수록 농민들의 부담만 커져 갔습니다. 이에 흥선 대원군은 양반과 상민의 신분을 가리지 않고 군포를 거두는 '호포법'을 실시했습니다.

Day 001 조선 세종 때의 과학자 '장영실'의 출신은 무엇이었을까요?

1) 상인

2) 노비

Day 002 퇴계 이황의 학문과 덕행을 기리기 위해 지은 '도산서원'이 위치한 곳은 어디일까요?

1) 경주

2) 안동

Day 003 〈보기〉의 내용과 관련 있는 것을 고르시오.

〈보기〉

'덕업상권' 'ᅟ과실상규' '예속상교' '환난상휼'

1) 향약

2) 향규

Day 004 1885년에 세워진 '광혜원'에 대한 설명이 맞으면 O표, 틀리면 X표 하시오.

1) 우리나라에 세워진 최초의 근대의료 기관이다. (　　　)

2) 고종의 신임을 얻지 못해 병원을 세우는 내내 어려움을 겪었다. (　　　)

3) 근대식 병원이자 의료 교육 기관으로 운영되었다. (　　　)

Day 005 고려 시대 특수부대 '삼별초'는 맨 처음 누구에 의해 만들어졌을까요?

1) 이의민

2) 최우

정답

Day 001 2) 노비

장영실은 비록 관청의 노비였지만 세종 때 과학자로서 공을 세워 종3품의 벼슬까지 오릅니다.

Day 002 2) 안동

퇴계 선생 사후 세워진 '도산서원'은 영남 지역 유학의 중심지였습니다.

Day 003 1) 향약

'향약'은 조선 시대의 향촌의 자치 규약으로, 16세기 중엽 사림들이 유교 덕목과 조선의 현실을 결합시켜 만든 공동체 윤리입니다. 보기는 향약의 4대 덕목으로, 좋은 일은 서로 권하고(덕업상권), 잘못은 서로 바로잡아 주며(과실상규), 예속을 서로 권장하고(예속상교), 어려운 일이 있으면 서로 도와준다(환난상휼)는 의미입니다.

Day 004 1) O 2) X 3) O

미국인 선교사 '호러스 알렌'이 조선의 제26대 임금인 고종에게 건의해 세워진 최초의 근대의료 기관입니다. 알렌은 1884년에 갑신정변 당시 부상 당한 민영익을 치료해 고종의 신임을 얻었고, 왕실의 의사이자 고종의 정치 고문으로 활동했습니다.

Day 005 2) 최우

최우는 개경에 도둑이 극성을 부리자 이를 막고 자신을 호위하기 위해 사병 조직 '야별초'를 만듭니다. 야별초는 이후 좌별초와 우별초로 나누었고, 몽골군에게 포로로 잡혔다가 탈출한 병사들로 조직한 신의군까지 합쳐 '삼별초'라 부르게 되었습니다.

46 Week

Day 001 '쌍성총관부'를 공격해 원나라가 차지하고 있던 철령 이북의 땅을 99년 만에 되찾은 왕은 누구일까요?

1) 공민왕

2) 공양왕

Day 002 백제의 학자들인 '아직기'와 '왕인'에 대한 설명이 맞으면 O표, 틀리면 X표 하시오.

1) 백제 임금의 명령을 받고 왜에 건너가 왕실의 스승이 되었다. (   )

2) 두 사람에 대한 기록은 일본의 역사책인 '일본서기'에 남아 있다. (   )

3) 현재 일본 교과서에 이름이 실릴 정도로 일본에서 칭송받고 있다. (   )

Day 003 ‘파리 강화 회의’의 ‘민족 자결주의’ 원칙이 적용된 나라는?

1) 제1차 세계 대전에서 승리한 연합국

2) 제1차 세계 대전에서 패배한 나라들

Day 004 〈보기〉와 관련 있는 일제 식민 통치를 고르시오.

〈보기〉

'신사참배' 'Ｃ창씨개명' '황국 신민화'

1) 무단 통치

2) 문화 정치

3) 민족 말살 정책

Day 005 우리나라 고유의 난방 장치인 '온돌'의 과학적인 원리가 아닌 것을 고르시오.

1) 열의 복사 현상

2) 대류 현상

3) 원심력

정답

Day 001 1)공민왕

Day 002 1) O 2) O 3) X

'아직기'와 '왕인'은 일본에 건너가 백제의 문화를 전파해 일본의 문화 발전에 큰 영향을 주었습니다. 일본은 오랫동안 왕인을 칭송해왔는데, 최근 왕인을 실제 인물이 아니라고 주장하며 일본의 교과서에서도 이름을 삭제하고 있습니다.

Day 003 2) 제1차 세계 대전에서 패배한 나라들

어떤 민족이 다른 민족을 간섭해서는 안 된다는 것이 '민족 자결주의'입니다. 하지만 이 원칙은 세계 대전에서 패배한 나라들만 식민지를 반환했고, 승리한 연합군은 자신들의 식민지에 주권에 돌려주지 않았습니다. 당시 대한민국 임시 정부도 파리 강화 회의에 '김규식'을 대표로 보냈지만 일본이 승리한 연합국 쪽이었기 때문에 독립을 얻어내지 못했습니다.

Day 004 3) 민족 말살 정책

일제는 중일전쟁 이후 내선일체, 일선동조론, 황국신민화 등의 구호를 내걸고 우리나라 말과 글을 금지하고 우리나라 역사를 배울 수 없게 하였으며, 신사참배, 창씨개명 등의 민족 말살 정책을 펼쳤습니다.

Day 005 3)원심력

아궁이에서 불을 떼면 열의 전도 원리에 의해 열기가 방바닥에 깔아 놓은 구들장으로 전해지고, 데워진 구들장에서 나온 열기가 열의 복사 현상으로 방 전체에 퍼집니다. 대류 현상으로 방 안의 공기가 위아래로 순환하면서 방이 따뜻해집니다.

Day 001 '발해'를 우리 역사 속에 넣자는 의미에서 쓰게 된 용어는 무엇일까요?

1) 남북국 시대

2) 발해고

Day 002 압록강과 두만강 유역을 우리의 국경선으로 삼는 중요한 계기가 된 것은 무엇일까요?

1) 동북 9성

2) 4군 6진

Day 003 '서대문 형무소'에 대한 설명이 맞으면 O표, 틀리면 X표 하시오.

1) 1908년 조선통감부가 의병 등 반일세력을 탄압 · 수용할 목적으로 만든 감옥이다. (　　)
2) 1919년에는 3 · 1운동으로 인해 수감자가 폭발적으로 증가했다. (　　)
3) 이름이 '서울 형무소'로 바뀌었고, 그자리에서 현재까지 운영되고 있다. (　　)

Day 004 사림이 중앙 정계에 본격적으로 진출하기 시작한 것은 언제일까요?

1) 성종 때
2) 선조 때

Day 005 '암행어사'가 파견될 때 왕에게 받은 아래의 물건 중에 암행할 지역과 임무가 적혀 있는 비밀 편지는 무엇일까요?

1) 사목
2) 유척
3) 봉서
4) 마패

정답

Day 001 1) 남북국 시대

이전에는 '통일 신라 시대'라는 용어를 썼는데, 그 용어 안에는 '발해'가 빠져있어서 '남북국 시대'라는 용어로 바꿉니다. '발해고'는 조선시대 '유득공'이 한국 · 중국 · 일본의 사서들을 참고하여 발해의 역사를 기록한 책입니다.

Day 002 2) 4군 6진

조선 '세종' 때 여진족을 몰아낸 뒤 군사적인 목적으로 만든 행정 구역으로, 이때 만들어진 국경선은 오늘날까지 이어지게 되었습니다.

Day 003 1) O 2) O 3) X

지금은 그 자리에 서대문 독립 공원과 서대문 형무소 역사관이 세워집니다.

Day 004 1) 성종 때

'성종'은 세조 때부터 주요 관직을 독차지하고 있던 '훈구파' 공신들을 견제하기 위해 '사림'을 등용했습니다.

Day 005 3) 봉서

'봉서'란 암행할 지역과 임무가 적혀 있는 비밀 편지, '사목'은 암행어사의 할 일을 적어 놓은 책, '유척'은 시체를 검시할 때 쓰는 자, '마패'는 역에서 말을 빌리거나 역졸을 부릴 수 있는 권한을 증명하는 패입니다.

48 Week

Day 001 '노걸대'는 역관 양성을 위해 고려말부터 조선시대까지 외국어 교육기관에서 사용했던 회화책입니다. 이 책을 통해 배운 언어는 무엇일까요?

1) 중국어

2) 몽골어

3) 일본어

Day 002 다음 중 '통일신라'의 왕권 강화책이 아닌 것을 고르시오.

1) 독서 삼품과

2) 상수리 제도

3) 기인 제도

Day 003 다음을 읽고, 괄호 안에 들어갈 알맞은 말을 고르시오.

'김만덕'은 자신이 쌓은 부를 사회에 환원함으로써 임금(정조)의 칭송을 한 몸에 받았고, 여성 최고의 벼슬에 올랐다. 정조가 그의 업적을 치하하기 위해 소원을 물었을 때 만덕은 주저 없이 (   ) 구경이라고 대답하였다.

1) 한라산
2) 금강산
3) 백두산

Day 004 '서당'에 대한 설명이 맞으면 O표, 틀리면 X표 하시오.

1) 배운 것은 매달 평가했고 1년에 두 번 시험이 있었다. (   )

2) 서당에서는 주로 글자를 익히고 문장을 외우는 식의 교육을 했다. (   )

3) 조선 후기에는 서당의 수가 크게 줄어들기 시작했다. (   )

Day 005 서당에서 학동이 책 한 권을 떼거나 베끼는 일이 끝나서 훈장과 동료들에게 한턱내던 일을 무엇이라 하였을까요?

1) 책시렁
2) 책씻이
3) 책가위

정답

Day 001 1)중국어

'노걸대'는 중국어 학습서로, '걸대'는 중국인을 뜻합니다.

Day 002 3) 기인 제도

'기인 제도'는 신라의 '상수리 제도'에서 유래한 것으로, 고려 시대에 향리의 자제를 뽑아 서울에 머물게 한 제도입니다.

Day 003 2) 금강산

'김만덕'은 유통업으로 벌어들인 전 재산을 기부해 제주도민들을 살려냈으며, 정조시대 여성 최고의 벼슬에 올라 금강산을 유람했습니다.

Day 004 1) X 2) O 3) X

'서당'은 조선 시대에 있었던 초등 교육 기관입니다. 배운 것은 매일 평가했고 정기적으로 (5일이나 10일 또는 한 달) 시험을 보았습니다. 조선 후기에는 자식들을 공부시키려는 상민들로 인해 수요가 늘었고, 몰락한 양반들이 생계를 위해 서당을 차리면서 서당의 수가 크게 늘어났습니다.

Day 005 2) 책씻이

책시렁은 서가 또는 책장, 책꽂이를 말하며, 책가위는 책의 겉장이 상하지 않도록 덧씌우는 종이나 비닐 같은 것을 말합니다.

49
Week

Day 001 조선 후기에 최고 기구의 역할을 하던 '비변사'의 권한은 언제부터 약화되었을까요?

1) 정조 때

2) 흥선대원군 때

Day 002 다음 중 고려에 들어와 널리 퍼진 몽골의 풍속이 아닌 것을 고르시오.

1) 족두리

2) 상추쌈

3) 수라

Day 003 다음 중 〈보기〉와 관련된 것을 고르시오.

〈보기〉

'친원파' 'Flag대농장' '음서'

1) 권문세족

2) 문벌귀족

Day 004 '김삿갓'의 방랑은 백일장에서 시를 지어 장원을 받으면서 시작되었다. 이때 백일장의 주제는 무슨 사건과 관련이 있었을까요?

1) 이인좌의 난

2) 홍경래의 난

Day 005 다음 중 〈보기〉의 시조를 지은 사람은 누구일까요?

〈보기〉

"이런들 어떠하리 저런들 어떠하리,
만수산 드렁칡이 얽혀진들 어떠하리,
우리도 이같이 얽혀서 백 년까지 누리리라."

1) 이방원

2) 이성계

3) 정몽주

정답

Day 001 2) 흥선대원군 때

흥선대원군은 비변사의 행정권은 의정부로, 군사에 관한 일은 삼군부로 넘긴 뒤 결국에는 폐지했습니다.

Day 002 2) 상추쌈

결혼을 할 때 머리에 얹는 '족두리'나 뺨에 찍는 '연지'는 몽골의 풍속에서 나온 것이며, 임금의 밥상을 '수라'라고 부르는 것도 몽골 어의 영향을 받은 것입니다. '상추쌈' 등은 원나라에서 인기가 높았던 고려의 풍습입니다.

Day 003 1) 권문세족

원을 등에 업고 권력을 독차지한 '권문세족'은 '음서'를 이용해 관직을 차지하고 '대농장'을 소유했습니다.

Day 004 2) 홍경래의 난

'김삿갓'은 '김익순'을 탄핵하는 글을 거침없이 적었습니다. 그 글로 장원을 받은 이후, 반역자 '김익순'이 자신의 할아버지임을 알게 됩니다. 역적의 자손인데다 그 조부를 욕하는 시를 지어 상을 탔으니 고개를 들어 하늘을 쳐다볼 수 없는 죄인이라며 삿갓을 쓰고 다녔습니다.

Day 005 1) 이방원

보기의 시조는 '하여가'로, 고려 말엽 '이방원'이 조선을 개국하기 위하여 고려의 충신인 '정몽주'를 회유하기 위해 지은 시조입니다. 이에 '정몽주'는 '단심가'로 굳은 절개를 나타냅니다.

Day 001 동학농민군이 벌인 전투 가운데 최대 규모의 전투는?

1) 황토현 전투

2) 우금치 전투

Day 002 옛날에는 어린아이가 울면 "이비야가 잡아간다"는 말로 겁을 주었다고 합니다. '이비' 또는 '이비야'는 언제 만들어진 말일까요?

1) 임진왜란

2) 일제강점기

Day 003 1919년 3 · 1운동 당시 민족대표들이 모여 독립선언서를 낭독한 장소는 어디일까요?

1) 태화관

2) 탑골 공원

Day 004 괄호에 들어갈 알맞은 말을 고르시오.

'주령구'는 1975년 경주 동궁과 월지(안압지)에서 출토된 14면체 주사위이다. 각 면에는 다양한 (　　　　　)이 적혀 있어 신라인들의 음주 습관의 풍류를 보여주고 있다.

1) 노래제목

2) 벌칙

3) 게임이름

Day 005 '남자 양반이 입었던 옷'에 대한 설명을 읽고, 괄호에 들어갈 동물을 고르시오.

흉배에 (   )이 있으면 문관이고 호랑이가 있으면 무관인데, (   )과 호랑이의 수가 많은 쪽이 계급이 높았다.

1) 공작새
2) 꿩
3) 학
4) 까치

정답

Day 001 **2)우금치 전투**

'우금치 전투'는 1894년 11월에 우금치에서 농민군과 조선 · 일본의 연합군 사이에 벌어진 싸움입니다. 이때 동학농민군이 연합군에 패하면서 '동학 농민 운동'도 실패하고 맙니다.

Day 002 **1) 임진왜란**

'임진왜란' 당시 왜병들은 자신들의 전공을 뽐내기 위하여 조선 사람만 보면 코를 베고 귀를 잘라갔습니다. 그래서 당시 전라도 사람들은 왜병을 '코 베어 가고 귀 떼어 가는 사람'이라는 뜻으로 '이비야'라고 불렀습니다.

Day 003 **1) 태화관**

민족대표들은 1919년 3월 1일 정오에 탑골 공원에 모여 독립 선언식을 하기로 결정했지만, 기념식이 자칫 폭력 시위로 변할 것을 걱정해 종로에 있는 음식점인 '태화관'으로 장소를 변경합니다.

Day 004 **2) 벌칙**

'주령구'는 14면체 주사위로서, '금성작무(노래없이 춤 추기)', '중인타비(여러 사람 코 때리기)', '공영시과(시 한수 읊기)' 등 각 면에 하나씩 총 14개의 '벌칙'이 적혀 있습니다.

Day 005 **3) 학**

'양반'은 '문반'과 '무반'을 일컫는 말로, 과거에 급제해 관리가 된 양인을 말합니다. 관리가 된 후에는 신분이나 직책에 따라 다른 옷을 입었는데, 옷만 봐도 신분이나 직업을 한눈에 알 수 있었습니다.

Day 001 '석빙고'에 대한 설명이 맞으면 O표, 틀리면 X표 하시오.

1) 신라 때 이미 얼음 창고가 있었다. (　　　)

2) 얼음을 볏짚과 쌀겨 등으로 포장하여 층층이 쌓았다. (　　　)

3) 얼음 창고는 왕실과 정부에서만 만들었다. (　　　)

Day 002 조선 시대의 형벌 가운데 가장 가벼운 형벌은 무엇일까요?

1) 유형

2) 도형

3) 태형

Day 003 조선 시대 한양 운종가에 있었던 여섯 종류의 큰 상점인 '육의전'에 해당하지 않는 것을 고르시오.

1) 모시

2) 비단

3) 생선

4) 고기

Day 004 괄호 안의 내용 중 알맞은 말을 골라 O표 하시오.

(이황, 이이)는 성리학의 체계를 만들고 제자를 길러냈으며, (이황, 이이)는 현실 정치에 참여해 개혁을 추진했다.

Day 005 '가야 연맹'에 대한 설명이 맞으면 O표, 틀리면 X표 하시오.

1) 낙동강 하류의 변한 땅에서 여러 작은 나라들이 가야 연맹 왕국을 성립했다. (　　)
2) 처음에는 고령의 대가야가, 나중에는 김해의 금관가야가 각각 가야 연맹을 이끌어 갔다. (　　)
3) 중앙 집권 국가로 발전하지는 못했다. (　　)

정답

Day 001 1) O 2) O 3) X

1244년 당시 최고 권력자 '최이'는 사사로이 얼음을 캐어 서산의 빙고에 저장하려고 백성을 풀어서 얼음을 실어 나르도록 했습니다.

Day 002 3) 태형

'태형'은 조선시대 5형(태笞 · 장杖 · 도徒 · 유流 · 사死) 가운데 가장 가벼운 형벌로, 죄인의 볼기를 매로 치던 형벌입니다. '도형'은 구금하고 노역을 시키는 형벌이며, '유형'은 외딴 시골이나 섬 등 먼 곳으로 쫓아내 일정기간 동안 제한된 장소에서만 살게 하는 벌입니다.

Day 003 4) 고기

'육의전'이란 말 그대로 '6개의 주요 점포'를 뜻하는데 모시, 명주, 무명, 비단, 종이, 생선 등을 취급했습니다.

Day 004 이황, 이이

'이황'은 학문을 연구하고 제자를 기르는 데 힘썼던 반면, '이이'는 서인의 대표로서 현실정치에 참여해 실질적인 개혁에 힘썼습니다.

Day 005 2) O 2) X 3) O

4, 5세기까지는 김해 지역의 금관가야가 연맹을 주도했으나, 400년경에 고구려의 침략을 받은 후부터는 고령 지대의 대가야가 연맹을 주도했습니다.

Day 001 다음 중 〈보기〉와 관련 있는 지역을 고르시오.

〈보기〉

발해 나선 정벌 대한 광복군 정부

1) 간도

2) 연해주

Day 002 조선 시대에 한양의 도성을 보호하는 8개의 문 가운데 유일하게 '흥인지문(동대문)'에만 있는 것은 무엇일까요?

1) 옹성

2) 궁성

Day 003 '숭례문' 화재 후 '이것'을 기증하겠다는 국민들이 150여 명에 달했습니다. 문루 복구에 가장 중요한 재료인 '이것'은 무엇일까요?

1) 느티나무

2) 소나무

Day 004 1931년 '평원고무공장'의 여공인 '강주룡'이 "여성 해방, 노동 해방"을 목이 터져라 외친 장소는 어디일까요?

1) 언덕

2) 운동장

3) 지붕

4) 옥상

Day 005 괄호 안의 내용 중 알맞은 말을 골라 O표 하시오.

조선 시대 수군이 사용했던 군함인 '판옥선'은 배의 아랫부분이 (볼록, 평평)하고 윗부분에 (칼과 송곳, 옥상)을 만든 것이 특징이다.

정답

Day 001 2) 연해주

'연해주'는 '발해'의 일부 영토이기도 하였으며, 청나라가 러시아와 싸울 때 조선에게 원군을 요청하여 '나선 정벌'을 한 곳입니다. 1914년 대한 광복군 정부가 활동한 지역이기도 합니다.

Day 002 1) 옹성

외적이 쉽게 다가서지 못하도록 방어하기 위해 문 바깥쪽에 반달 모양으로 '옹성'을 설치합니다.

Day 003 2) 소나무

Day 004 3) 지붕

1931년 5월 '평원고무공장' 파업을 주도하던 중 일경의 간섭으로 공장에서 쫓겨난 강주룡은 을밀대 지붕으로 올라가 무산자의 단결과 노동 현실의 참상을 호소했습니다.

Day 005 평평, 옥상

'판옥선'은 배의 아랫부분이 평평해 빠르고 거친 물살을 잘 견디며, 판옥(옥상)을 올려 많은 병사들이 한꺼번에 화포 공격을 할 수 있다는 장점이 있었지만, 이동 속도가 느린 것이 단점이었습니다. 이를 보완한 것이 이순신의 거북선입니다.